이건 우리만의 비밀이지?

이건 우리만의 비밀이지?

강지혜 시집

민음사

다하야

여기에
이 노래를 적는다
가슴을 내리치며
주먹을 깨부수며
태어난 노래

멜로디는 네가 붙이렴
웅장하고 처연하게
쾌활하고 신비롭게

모든 것은
너의
뜻대로

2022년 4월
강지혜

차례

1부

꽃나무의 가계 13
부부 15
불안한 바람이 18
아내 20
무력한 철거 22
신혼 26
폭염 29
수면 의식 32
유성 34
한 침대 38
중독 40
드림캐처 1 42
행주를 삶는다 44
여섯 번째 새끼 47
가계 51
드림캐처 2 54
봉인 56

2부

육아일지 — 불타는 일가 61
육아 일지 — 소금밭 64

원근 67

협주곡 68

나는 아 하고 너는 그만해라 하고
나는 깊 하고 너는 제발 그만해라 했다 70

아저씨, 나 아저씨 양말이에요 74

뱀파이어 78

태풍의 이름 81

비 온다고 했다 84

실족 87

웰컴 투 비디오 90

웰컴 투 코리아 92

지네 94

화상은 찰나에 96

3부

우리의 손을 101

팽이버섯 내린다 103

가정 106

제왕절개 108

거대한 아기 111

호명 114

네가 고른 말 116

흰 개 119

잔디 심기 122

범인의 노래 124

창가에 침대 127

틀린 그림 찾기 130

4부

선량한 사람들이 135

맥거핀 138

어린것들의 감각 140

유년 143

날짜 146

다정한 사람이 되려고 148

민달팽이 151

낯선 물 154

추격 156

검은 모래전 159

너를 기다리며 161

작품 해설 | 김보경(문학평론가)

저주받은 여자들의 가계(家系)와 '우리'가 되는 기록   163

1부

꽃나무의 가계

자정이 넘은 시각, 한 통의 전화.

(완전히 정신이 나간 듯) 나 좀 살려 줘. 내가 방금 뭘 치었는데. 차가 완전히 찌그러졌어. 나 여기 어딘지도 모르겠어. 뭘 어떻게 해야 할지 모르겠어. 제발 나 좀 살려 줘.

아기를 안은 여자, 어둠 속에서 사건 현장으로 모습을 드러낸다.

(잠든 아기를 쓰다듬으며, 낮고 침착한 목소리) ……당신이 한 짓을 봐. 똑똑히 봐 둬. 그리고 기억해. 이 모든 순간을 질대 잊지 말고 기억해야 해.

남자가 눈을 뜬다. 모든 게 꿈이었던 걸까. 스스로의 구취가 역겹게 느껴진다. 그리고 찾아온 극심한 갈증. 갈증. 갈증. 집 안 어디에도 아내가 없다. 아이도 없다. 정신을 차리자. 여기는 어디지? 여기가 내 집인가? 나는 어디에 있었지? 이곳은 왜 익숙하지? 이때, 남자에게 달려드는 어둠. 맹수처럼 인적이 드문 시골 길. 여자가 구덩이를 파고 있다. 여자의 옆에는 작고 명랑한 아이. 엄마, 이거 뭐지? 엄마, 이거 나무. 나무, 안녕? 이거 꽃이네. 꽃. 안녕?

여자와 아이 곁으로 벚꽃잎, 수척하고 아름답게 낙하
여자와 아이 곁으로 시간이 온화하고 날카롭게 흐른다
여자와 아이는 여자와 여자가 되고

벚꽃나무가 가로수로 늘어선 길에 서서
한 나무를 바라보는 여자와 여자

엄마, 이건 우리만의 비밀이지?
비밀 아니야. 어차피 누구도 안 믿을 거야. 아빠를 심어 벚나무를 살렸다는 말을 누가 믿어? 언제든 말하고 싶을 때, 말하고 싶은 사람에게 말해도 좋아.

여자가 된 아이의 얼굴
꽃나무를 닮았다

부부

같은 공간에서
등을 맞대고 앉아
종이를 접는다

내 종이는 연약하고
너의 종이도 바스라지는데

내가 뭘 접는지 알 수가 없어
그런데 왜 접고 있어?
입은 어디로 갔어?
……네 등에 있더라, 아랫입술을 찾았어
숨겨 두다니, 비겁해

입 없는 너의 얼굴이
흔들린다
터진 과일처럼

찾아오는 가려움

손 닿지 않는 곳이 가려워

눅눅한 빨래 사이로
사랑이 고개를 비쳤다 사라졌다
해충처럼

장마가 끝났다 폭염이 찾아오자 집이 조금 녹았다

아 이상한 맛이야

짜고 시고 슬픈 혀
너는 입이 없어서 조금만 울었나

종이는
울룩불룩하게
너덜너덜하게
엉망이 되어 간다

어제도 내일도

오늘의 실패를 위해 존재하는 걸까
겨우?

실패의 목덜미에
네 윗입술 자국이 조금,
묻어 있다

비겁하게, 비겁하게,

나와 너는 너와 나를 등지고

불안한 바람이

바람이 전하는 불안이 켜켜이 나를 도려낸다

수십 년간 당신을 미워하는 마음이 모여 단단한 초가 되고 심지는 고요히 숨어 있었는데

나를 도려낸 바람이 기어이 시발점을 찾아낸다

당신을 태우는 불이고 싶다

불이고 싶어 하는 바람이 이 미친 바람을 불렀나?

날렵한 시간이 당신과 나를 낚아채 아무도 거들떠보지 않는 거칠고 어두운 숲으로 끌고 가겠지만

숲 전체를 황폐하게 만드는 사나운 불길이 되기를, 이렇게 간절한 적 있었던가

당신을 미워하고 있다

미워서 미운 것이 아니라 미워하지 않으려는 꼴이 미워서 미움이 단지 미움으로 사그러들지 않고 끝내 미움을 붙잡고 주저앉히는 것으로 남아서

  큰불 난다

  숲이 모두 타 버린 자리

  후회가 있을 테다

  손도 없고 발도 없는

  아기처럼 앵앵 우는 후회만 덩그러니 있을 것이다

아내

 내가 씻은 물은 누구의 귀로 흘러들어 갈까 나는 과자 봉지 밖에서 힘을 줘 봉지 안에 과자를 부숴 먹는 인간 부스러기들은 모두 어디로 간 걸까 내가 만든 수용소에서 네가 촘촘히 살아 있었을까 그랬을까 그랬다면 우리는 좀 더 서로를 어루만졌어야 했어

 너와 나는 하나밖에 남지 않은 뿔을 서로 차지하려 싸운다 물어뜯고 할퀴고 거대한 주먹을 날린다 격렬한 격투 후 나는 안락의자에 몸을 늘어트리고 앉아 너를 노려본다 심지어 나의 개도 혀를 빼물고 헐떡이고 있어 내가 물어! 하면 언제든 너를 물 준비가 되어 있어

 어제는 내 것이었다가 내일은 네 것이 되고 마는 뿔을 들고 오늘치의 질투와 희열에 몸을 떠는 나, 나를 네 아내라고 부를 거야?

 밥이라는 말은 왜 한 글자인가 발음하다 만 것처럼 입을 굳게 다물게 되는

귓가에 더운 바람이 분다 이 바람은 모든 계절이 심어 놓은 스파이 나의 약점을 너에게 가져가 헐값에 판다지? 정신이 온전치 못한 노부가 또 다시 집 앞을 지나간다 하루에 열 번, 아니 수백 번도 더, 노파는 정신없이 노부의 뒤를 쫓는다 작은 수레를 앞세우고 악을 지른다 도대체 어딜 가냐 또 어딜 가냐 왜 어딜 가냐 어째서 여길 떠나는 것이냐

 곤히 잠든 너의 얼굴을 본다 오늘의 뿔은 오늘의 심장에 관통할 것이다 오늘치의 피를 흘리며 네가 죽어 갈 때, 나를 네 아내라고 부를 거야? 나는 맨손으로 내일의 칼을 막고

 네가 나를 기꺼이 너의 아내라고 부를 때, 내일과 고통이 팔짱을 끼고 주단 깔린 길을 걷는다 사뿐사뿐 사랑스럽게

무력한 철거

늦여름
어느 오후
막대를 들고 뒤뜰로 간다

어김없이 너의 집이 있다
투명하고 거대한 성
어제에 이어 오늘도
하루 만에 완공한
아름다운
너의 집

여덟 개의 죄를 품은 너는
어느 풀 틈으로 몸을 감추었나
어떤 벌레의 등 뒤에서 나를
훔쳐보았나

나는 화를 내며
너의 성을 부순다

머리칼과 볼에 들러붙는 너의 비명
달콤한 흥분을 주고

오늘의 나는 승리에 취해 잠이 들겠지

그리고 내일의 나는
또 다시 완성된 너의 성 앞에서
격렬히 좌절할 것이다

완강히 걸어 잠근 성문
드높은 탑에서 나를 비웃는
웃음소리
들린다

이것이 사랑이라면
이 고통이 네 초석이라면

완벽하지 못한 철거와
매 회 단호해지는 건설

매일 고아를 낳았다
우리가

서로의 성을 못 견디게 미워하면서

끈끈한 공범이었다

내일 너는 또 다시 성을 완성하고

나는 너의 성과 나와
나의 막대와 성의 무게를
너는 나의 막대와 나와
나의 깊이와 너의 성을

끊임없이 그리워하는

이것이 사랑이라면

뒤돌아 떠날 채비를 하자

막대 끝에 나의 인사를 달고

영원히 너를 사랑한다,
이것만은 철거되지 않을
거대한 진심이었다

신혼

심지 타는 소리를 엿들어

바람이 바람과 바람을 불러
바람으로 우는

여기가 우리 집

손톱 옆 거스러미를 뜯는다
끝내 생살을 찢어
피를 보게 되리라는 것을 알면서도
매번 그곳으로 향하는
손을 막아 낼 수가 없다

피를 닦으며 웃고 우는 나
거짓말을 하는 너

집은 항상 여기에 있어서

도저히 도망갈 수 없으니까

매 시 매 분 매 초마다 좌절

시간마저 집에서는 떠날 수 없었다

어떤 거짓으로도 집을 속일 수 없어서
뒤뜰에 작은 텃밭을 만들고 말았다

추위 속에서
대파와 양배추가
결국 자라나고
로즈마리가 진한 향을 피워 냈다

끈질긴 생명, 생명들

진절머리가 나

집에서는
삶도 떠날 수 없고

죽음도 숨을 수 없어서

오로지 집이 있다

집이
너와 나를
지독하게
안고 있었다

폭염

아이를 낳고부터
임신한 것들만 보면
다시 입덧을 한다

그늘 한 자락 없는 뙤약볕
붉은 젖을 끌고 발발발 걷는
개 한 마리를 보았다
하얗고 더러운 저 개는
해산할 곳을 찾을 수 있을까
이 더위에

저 배 속에는
무정한 길 위로
외로운 네 발을 올릴
작은 것들이 몇이나 들었을까

그 작은 것들은 또 언제 어느 길에서
차갑게 죽어 갈까

좀처럼 잠들지 못하는 딸을
등에 업는다
개처럼 엎드려
좌우로 천천히 흔든다

자장자장, 우리 아가
자장자장, 잘도 잔다

등에 달린 아이의 이름을
나지막이 부를 때

어미 개야, 너는 지금 어디에서
부르튼 앞발을 핥고 있을까
내일의 그늘과 마실 물은 찾았을까

딸은
오늘 밤에도
기어이 잠에 빠져들고
엎드린 나는

한 손으로 가슴을 치며
이를 악문다

딸의 베게에
뜨거운 물이
와락 쏟아진다

수면 의식

아이는 자기 전에 가장 말이 많다

오늘의 일과
어제의 일을
그리고 탄생을
모두 혼재하여
새로운 자신을 만들고
좋아라 깔깔 웃는다

자, 이제 자야지

볼에 입 맞추고
코에 입 맞추고
손에 입 맞추고

신전 같은 너에게

아이는 눈을 꽉 감은 채
엄마, 나는 자기 싫어

아이는 알고 있다

호시절은 늘 오늘
오늘 이후는 파국일 뿐

아이가 살아온
살아갈 수없는 날
그 어디에도
오늘과 같은
절정은 없을 거라는 것

잠든 아이의 얼굴에서
건져 올리는 비명을
나의 오늘에 던진다
나의 평생이
유유히
산산조각 난다

유성

떨어지는 별을 함께 보았지
그날 밤
내 어깨를 쓰다듬던 건
너의 손?

굳게 닫힌 너의 눈꺼풀을 본다
말하지 않음으로
나에게 말하는 너를

네가 물었지
시는 언제 써?
누군가 미워지면 시를 써
너는 매일 밉고
매일 사무치게 그리워서

복통과 함께 사랑이 오고
찬물을 나눠 마시며
사랑을 떠나보냈다
단 둘이서

나는 네 이름을 정말 아는 걸까

같은 비누를 번갈아 쓰면서
우리가 점점 작아질 때

원인 모를 내 두통과
너의 환멸이
별자리처럼 이어져 있다고

좁은 침대에서 부대끼는
나의 허벅지와 너의 종아리가
매일 밤 다른 꿈을 꿔
네 개의 다리가
서로 다른 결말을 준비하겠지

오늘 떨어진 저 별이 지금의 별이 아니란 건 알지?

머나먼 과거의 빛이

여기까지 도달하는 데
걸린 시간

아, 고통이 고꾸라진다

멀미가 나
까만 밤

떨어지는 별과
별의 평생을
훔치는 나
그리고 너

그 찰나

저 별은 어디로 가?
네가 묻고
다시는 이어지지 않을 거야

먼 미래의 나는
입을 꾹 다물었네

한 침대

우리는 나약해

나란히 누워서 허벅지를 맞대고
박수 소리를 기다린다

서로의 얼굴을 쏟아내린다
이것이 내가 사랑하는 눈인가, 코인가, 입술인가
이것이 내가 먹이는 턱인가, 귀인가, 이마인가

볕이 들면 당신은 삽을 쥐고 개똥을 묻으러 나가고
나는 엉덩이를 바짝 들어 거꾸로 깃든 아이를 채근하지

지금 여기 내 가슴과 네 가슴밖에
없어서 나와 당신을 증오할 수밖에

매일 같은 시각 집 밖으로 나서는 당신
깨진 그릇 같은 얼굴로 돌아오는 당신
시간이 새고 있어, 늘 같은 부위에서

개수대로 하염없이 흘러가는 오늘 수년 째 개지 않는 하늘 눅눅한 방 안에 젖은 미래를 널고 언젠가 뽀송뽀송해질 거라고 억지 미소를 지어 보는 일 코를 대고 습기를 킁킁 빨아들이는 일

    빙글빙글 돌며 잠들기에 가장 안정적인 자세를 찾는다
    최선을 다해 눈을 감고 모로 누워 팔뚝과 발목을 포개자
    그것이 우리가 할 수 있는
    마지막

    마주 보고 누운 나와 당신 아래에
    단 하나의 침대가
    깊은 울음을 운다

중독

남편의 가슴에 공허가 찾아왔다

성(成)이 그를 데려왔다

나는 의심하고 있다

사람과 짐승의 무리로 숨어 버린
지긋지긋한
성

내 말 들려?
내가 묻자

남편은 손을 내저으며 말한다

끓고 있는 기름에 얼음을 넣은 거야
우리는 화상을 입은 거야

오래된 피치를 흉내 내는 최신형 스피커

앞서 죽어 버린 자들의 노래에 취하고
단물이 빠진 껌을 억지로 씹으면서
조금씩 새는 가스에 서서히 중독되는 일

원망하려면
심장이 필요한데
심장은 온데간데없고
공허만 있으니까

삶은 중독이라니까

남편이 손을 덜덜덜 떤다

드림캐처 1
— 장례

큰 비행기 머리 위로 추락

두 손 모아 그녀의 신에게 기도하는 그녀

링, 링, 링, 링, 같은 간격으로 울리는 전화벨

엄마가, 그러니까 엄마의, 엄마가

끈을 꼬아 동그라미를 만들고
실을 풀어 매듭을 이어 나가지

눈이, 감긴다, 손이, 어지럽게, 언덕을, 부푸는,

대지

당신과 당신의 어미를 낳은
뜨거운 땅

엄지손가락과 집게손가락이 달라붙을 거야

결국 녹아내릴 거야

멀리 폭발음 울리고

춤추는 조개껍데기
어디서 데려왔을까

여자의 발밑으로, 뭍으로, 뭍으로 떠내려 온 악몽들

우리가 함께 만든 거대한 드림캐처
비행기를 낚았네

행주를 삶는다

행주가 무심한 얼굴로 끓여지는 중이다
저 신성한 냄비 속에서

어느 때고 행주가 삶아지는 경로는 비슷하다
남편이 아내에게 행주에서 쉰내가 난다고 타박을 하거나
남편이 아내에게 행주가 이게 뭐냐고 성질을 내거나
남편이 아내에게 행주 좀 내다 버리라고 비아냥거리거나

행주는 뜨거운 물속에서 제 물성을 잃지 않으려 노력하지만
미세한 탈락을 막을 수는 없다
신이라 할지라도

아내는 끓는 냄비 옆에서
『나쁜 페미니스트』*나 『남자들은 자꾸 나를 가르치려 든다』**를 읽는다
아내는 무엇을 준비하는가

행주의 오염 인자들이 끓는 물속으로 사라지면서

아내의 독서가 깊어지면서
남편의 무감각이 짙어지면서
이 집의 모든 무생물에 생명이 깃든다

손 닿지 않는 곳에 쌓인 먼지
가구와 벽 틈에 박힌 양말 한 짝
제멋대로 켜졌다 꺼지는 센서등

생명이 넘치고
고독이 넘친다

아내는 행수가 끓어 넘치지 않도록 가스불을 조절하고
식탁 위에 노트를 펴고 무언가를 적는다
무중력 의자에 누워 낄낄거리는
남편의 뒷덜미를 보며

무중력
무방비
무력감

아내는 무방비라는 글자에 몇 번이고 동그라미를 친다

너는 왜 나를 믿는 걸까
내가 보이긴 할까

이 집이
끓고 있다

* 록산 게이.
** 리베카 솔닛.

여섯 번째 새끼

어미 개는 몸뚱이를 이리저리 돌려
새끼 모두에게
젖을 물리려고 한다

다섯 마리 새끼는 눈 감고도
어미 개의 젖꼭지를 찾아 간다

검고 위대한 저 돌기

수차례 시험관 시술을 받았던 막내 고모는
최대한 빨리 자식을 만들어라 했다
세상 모든 것이 남이라고, 새끼밖에 없다고

젖무덤에서 떨어져 잠시 갈 길을 잃은 한 마리에게
내 새끼손가락을 물리며

이건 거짓말이야, 정말 미안해

그럼에도 어린것은 힘차게 손가락을 빨고

그 순간, 죄책감이 수정되었다

네 태몽은 밖에 부는 저 미친 바람이 모두 앗아 갔는데, 너를 무어라 부를 수 있을까 사람들은 이 거짓말을 가장 신성시 여기더라, 나는 모르겠어, 미안해, 거짓말로 결국 너를 태어나게 할 거야 내가

그 거짓말을 용기라 부를까

초저녁부터 몸에 쏟아지는 어둠이 무거워 침대에 누웠나
아랫배에 손을 올려 본다
포궁이 확장되어 가는 소리가 들린다
아픔이 확장되어 가는 소리가 들린다
그것이 너를 놀라게 할까 봐
조금 울었다

짧은 내 주둥이로 너를 핥을 수 있을까

거짓말로 점철된 나를 내 스스로는 결코 용서할 수 없

는데 어째서 모두 내게 용기라고 하는 걸까 이것과 그것은
무엇을 위한 의지일까

　다섯 새끼들이 아직 쭈글쭈글한 주둥이를 앞뒤로 흔들
며 힘차게 젖꼭지를 빨 때

　어미 개는 고개를 바닥에 누이고
　스르르 눈을 감았다
　뜬다
　나를 똑바로 바라본다

　검고 깊은 눈동자

　지친 그의 눈동자가 내게 말한다

　이리 온, 나의 여섯 번째 새끼야
　이리 와서 다섯 형제와 함께 젖을 빨거라 네가 할 일은
먹는 것 그리고 싸는 것 그리고 꿈꾸는 것
　그리고 다시 용기를 잉태하는 것

엄마, 맘마, 맘마, 맘, 마—

나는 있는 힘을 다해 어미 개의 젖꼭지를 빤다
죄책감과 용기를 잉태한 채로

가계

사촌 동생은 채 서른이 되기 전
제 인생에서 서른을 지웠다

몇 해가 지나고 외삼촌은
스스로 회갑을 지웠는데

바다 건너 사는 어머니는
두 번의 장례식
어느 것도 가지 못했다

피로 이어진 길을 따라가다 보면
하얗게 지워진 사람들

어머니의 가계에 숨겨져 있는
하얀 죽음

내 어머니의 이름, 또는 내 동생의 이름, 아니면 내 이름
에도

천진한 얼굴로
아무 때고 조용히
내려앉을 수 있는

나는 언젠가부터 말없이 하얀 것들이 무서워

매일매일 같은 얼굴로
나를 흔들어 깨우는
죽음의 다른 이름

아침이 두려워

어머니, 당신이 사는 곳에는
얼마나 잔인하고 고요하게 아침이 오나요
거대한 죽음이 매일같이 땅을 흔들어 깨우는 그곳에는

왜 피로 이어진 길은 끊어지지 않고

이 두려움을 물려줄 젊은 것이 생겨

적막 속을
홀로 걸어갈
또 다른 이름이 생겨

매일 밤에게
어둠을 빌려 적는다
딸의 이름,

지워지지 말라고
지워지지 말라고

진하게
더 진하게

드림캐처 2
― 임신

우리가 만든 매듭 속에서는
나쁜 꿈도
숨 쉴 수 없어

당신이 내 발길질을 기억하듯
나도 당신의 뱃가죽을 기억하네

차고, 찌르고, 두드리고, 문지르고,

넌 참 많이도 움직였어

나는 당신의 악몽이었을까?

여자의 매듭에 걸린 내가 또 다시

너를 묶어 내고

너는 태어나서 별일 없이 살아요
잘 살아요

너에게 보내는
악몽의 예언

누구도 달가워하지 않는
질긴
진실

서로에게 너무 오래 닿아 있어서
이다지도 닮은 매듭
이건 슬픈 주술
풀리지 않을
질긴

둥글게 부푼 배가
악몽을 낳았다

봉인

어머니와 딸이 동굴에 갔다

작은 동굴이었다
그러나 모든 곳으로 연결된

처음이자 마지막으로
동굴 문이 닫혔다

               *

여자와 여자가 동굴에 갇혔다

이것은 한 여자가 간절히 바라던 일

               *

어둠에는 채도가 있다
습기에도 두께가 있다

여자들은 본래 알고 있었다

깊은 어둠 속에서
감각이 끊임없이 도약하고
아름다움이 도처에서 발굴되었다

검고 깊은 아름다움 사이로

여자의 주린 배를 위해
기꺼이 살을 내어 주는 여자와
끝내 입을 벌리게 되는 여자
울며 여자의 살을 먹는 여자와
기쁘게 뜯겨지는 여자

*

가장 밝은 어둠은 결국 빛

빛은 늘 여자들 곁에 있었다

*

이끼의 꼬리를 따라
한 여자가 동굴 밖으로 나왔다

지금
한 여자는
눈을 감은 채
살아가고 있다

푸른 입술 속
날카로운 치아를 감추고

기어이 숨
내쉬고 있다

2부

육아 일지
— 불타는 일가

목구멍 깊은 곳에서 사랑이라는 이름의
장도(長刀)를 꺼낸다

칼은 당신과 나의
뿌리를 끊임없이 베고
너와 나 그리고 갓 태어난 또 다른 육체가
우리라는 어리석은 기대

빛조차 타들어 가던 시절

나의 자식이 태어난 여름

그리하여
아이의 태초에 목마름이 새겨졌을까
뜨겁고 끈적한 공기를 그 작은 콧구멍으로 들이마시며
곧 끝장이라 생각했을까

자식이 잠든 얼굴을 바라보다
그 꿈의 어둔 것을 보게 될까 봐

질끈 눈을 감았는데

결국 마주한 것은 나의 괴물, 나의 당신, 당신의 나

우리라는 기대가 만든 괴물은
너무도 연약해
그처럼 처량한 것이 없었다

슬픈 괴물의 등
슬픈 괴물의 뿔

이끌리듯 괴물의 뒷통수를 쓰다듬자
뜨겁게 타올라 바스러진 당신
그리하여
나의 아이는 목이 마르다

우리가 마지막으로 함께하는 일은
고작 타오르는 일

우리라는 허상이
켜켜이 바스라진다

육아 일지
— 소금밭

소금이 만들어지는 중이다
내게 던져진 당신의 태양으로
끝내 모든 물을 말리는
목마름

갓 태어난 아이는
똥을 누면
눈물 없이 높은 소리로 울고
배가 고프면
악을 지르며 눈물을 뿜었다

다른 이의 울음소리를
이토록 오래 들여다본 적 있던가
사랑의 시작이며 저주의 처음인
육아

아 뜨거워 너무 뜨거워 내 정수리, 팔, 가슴

젖비린내와 짠내가 배 속에서부터

올라왔다

온몸에서 소금이 투두둑 떨어졌다

시간이 갈수록 결정이 단단해졌다

보석처럼 크고 화려해졌다

그러나
아무 데도 쓰일 수 없는
불쌍한 내 소금아

어제도, 어제의 어제도
너의 태양은 어김없이
물 위로 떠올랐다

나를 살라 먹으려고
우리를 먹어 치우려고

아무도 불러 주지 않아서
외롭고 완전한
내 소금아

나를 살려 주라
살릴 수 없다면
나를 좀 숨겨 주라

아무것도 할 수 없는 나의
아이야
아름다운 소금아

원근
— 육아 일지 3

    가까운 데서 푸른 잎 떨어지다, 잎보다 먼 네게서 가혹한 말이 던져졌고 그것이 내 안으로 파고들어 영원히 낙하하는 동안 나는 코앞의 모기를 때려잡았다 손바닥에 남은 붉은 피 피의 색은 너도 같은가? 나와 당신의 거리는 눈으로 가늠할 수 없을 만큼 멀고 우리는 같은 집에 산다 지옥과 천국은 매우 가까운 곳에 있고 그래서 같은 크기로 체감되었다 당신의 질긴 팔을 뻗어 손바닥을 내 얼굴 쪽으로 펼치면 딱 그만큼의 거리에서 **폭발하는 우리 집** 폭발의 잔해들은 멀리, 더 멀리 자유롭게 떠나가고 날카로운 파편에 실려 도망가는 나와 당신의 살점 그것들은 찾을 수도, 찾을 생각조차 할 수 없는 곳으로 가 살풋, 내려앉았다 그 지점에서부터 태어나는 것들이 있을 것이다 당신에게서 **아주 가까운 곳** 그리고 먼 곳에서 **자라는**

협주곡
―라면을 위해(2019): 육아 일지 4

   남편이 냄비를 집어 던진다 라면 봉지를 거칠게 뜯는다
   가스레인지 위로 흩뿌려지는 라면 부스러기, 부스러기들 (집구석에서 애나 보면서 (처놀면서) 전화는 왜 안 받아? 바깥이 얼마나 춥고, 바깥이 얼마나 어둡고, 바깥이 얼마나 시끄럽고, 바깥은, 바깥을, 바깥같이 군다고!)

   아내는 말없이 라면 부스러기를 그러모아 개수대에 버린다
   먹다 남은 국물도 먹지 못한 눈물도 한꺼번에 싱크대에 투하! (토할 것 같이, 변힐 깃 같아, 나는 대학을 나왔다고 중퇴했지만 대학원도 다녔다고! 변신할 것 같아, 아무것도 아닌 것으로, 아무도 거들떠보지 않는 것으로, 결국 이러려고 책을 읽었지, 이러려고 그 많은 책을 들췄어, 잘하는 짓이다, 잘하는 짓이야)

   아기는 똥을 싸고
   울고 오줌을 싸고
   울고 뒤집고 또 뒤집고
   웃고 까르르 침 흘리고
   떼구르르 발 동동

똥을 싸고 방귀를 뀌고
웃고 까르르 (어휴 지루해)

침대 사람 하나 다리 여섯 개

우리는 완벽히 다른 물성
같은 집에 살아서 착각하나 본데
원래부터 우리는 우리가 아니었어

똑똑한 아기, 아버지는 입을 닫고, 지긋지긋한 어머니

야유를 퍼붓는 관객: 차가운 거리에 버려진 개가 마구잡이로 짖어도 이것보다는 아름답겠어 야 이 한 집에 사는 머저리들아

나는 아 하고 너는 그만해라 하고
나는 깊 하고 너는 제발 그만해라 했다

싸웠다
몸으로

현재가 선물이라고 누군가 그랬지
바람이 미쳤는데
그게 다 무슨 소용이냐

무너지는 정강이뼈를 부여잡고
떨었다

눈물이 언젠가 다 말라
돌 같은 것이 되어
나를 죽인다
이건 네가 한 게 아니지
그렇고말고

같은 게 하나도 없었다
시력부터 발가락 모양까지
그럼에도 매일

같아지기를 원하다니

우리라는 말의 깊은 함정

구덩이 위에
얇게 뿌려 놓은 낙엽과 살점
그 얕은 위장술에
걸려들다니

수치스러워

날숨에서 타는 냄새가 났다

싸워서
얻는 것과 훼손되는 것이 있는데

훼손되는 쪽에
영혼을 바쳤기에

현장에서 검거된 방화범처럼
황망하였다
불꽃은 만발했으나
내 몸은 흔들리고
손에 불
옮겨 붙었고

치러야 할 죄의 값
그 때문에 피하지 못한

여기 이 구덩이

어둡고 좁은 곳에서
아 하고 소리쳤고
깊 하고 소리쳤는데

애초에 우리는
서로 다른 곳에서
태어났다고

그 먼 곳에서도

너는 그만해라 했다
이제 제발 그만해라 했다

아저씨, 나 아저씨 양말이에요

안녕하세요, 나 아저씨 양말이에요. 양말 주제에 꽤 공손하죠?
사람이든 물건이든 예의는 중요한 거예요.

오늘 아줌마랑 싸웠죠? 들으려고 들은 게 아니라 아저씨가 나를 신은 채로 침대에 누워서 눈 꼭 감고 안 일어났잖아요. 그래서 들렸어요. 부부 싸움은 칼로 물 베기라지만, 왕왕 물도 베어지잖아요.

아줌마 요새 좀 불쌍했어요. 아기 돌보면서 매일 나를 빨고 말리고 개고. 또 빨고 말리고 개고. 그러다 누가 돈 준다고 하면 아기 재워 놓고 글도 쓰고, 그러는 와중에 아기가 울면 달려가서 달래고, 재우고. 겨우 아기 잠들면 다시 살금살금 쥐새끼처럼 식탁으로 기어 나와 다시 글 쓰고. 아저씨는 일 끝나고 집에 오면 나 던져 두고 핸드폰 게임하고, 야구도 보던데. 그런데 아줌마가 하는 일은 돈이 생기는 일이 아니니까, 생겨도 터무니없이 적으니까. 아저씨가 하는 일이 돈을 더 많이 가져다주니까. 그래서 아저씨는 집에서 꼼짝 않고 누워 있는 거죠?

왜 아줌마 편에서 말하냐고요? 나는 아저씨랑 밖에서 같이 일을 하지만, 아저씨는 집에 오면 날 버리듯 던지고 눈길조차 안 주잖아요. 아줌마는 아저씨가 나를 어디에 던져 놔도 찾아내던데요. 식탁 밑에, 수납장 옆에, 냉장고 옆에 밀쳐 놔도 나를 찾아 주던데요. 이 집의 모든 우리는 아줌마 손길을 기다려요. 아줌마만 우리를 만져 주거든요. 깨끗하게 해 주거든요. 그래서 그래요. 나더러 아줌마 편이래도 어쩔 수 없어요. 이 집 무엇이든 잡고 물어보세요. 다 마신 맥주 캔, 걔도 아줌마 편일 걸요?

아줌마가 오늘 나를 부여잡고 울면서 말하던데요.
사랑으로 하는 일이 다 엿 같아졌다고.

잠깐만요, 지금 아줌마가 엿 같다고 한 게 중요해요? 아줌마가 양말을 끌어안고 울었다고요. 누가 양말을 끌어안고 울 때는 다 이유가 있는 거 아니겠어요? 양말인 나도 아는데, 아저씨는 인간이면서 그것도 몰라요? 나는, 내가 양말이라 아줌마 눈물을 닦아 줄 수 없어서 마음이 아프

던데. 아저씨는 아줌마가 엿 같다고 말한 게 그렇게 화가 나요? 그게 무슨 죄라도 되나요? 엿 같으면 엿 같다고 할 수도 있잖아요. 아이 키우고, 집안일 하는 게 엿 같은 게 아니고, 그렇게 숭고한 일이면 왜 아줌마한테는 아무도 돈을 안 줘요? 왜 우리가 늘 제자리에 있는 게 그렇게 당연해요? 왜 노동력을 착취하면서 착취인지도 몰라요?

 아저씨, 아저씨는 지금도 나를 신고 잠을 자요. 그리고 내일 나를 이 집 어딘가 던져 놓겠죠. 그러면 아줌마가 또 나를 찾아낼 거예요. 나는 술래이고 싶지 않은 술래, 아줌마는 술래잡기를 원하지 않는⋯⋯

 아줌마 마음은 나보다 더러워요. 이미 썩어 문드러져서 세탁도 세척도 되지 않아요. 악취 나는 마음으로 아줌마가 나날이 살아, 아니, 죽어 가고 있어요. 나도, 아저씨도 모두 죽어요. 죽으면 썩죠. 그리고 아줌마는 죽기 전에 썩어요. 나는 죽기 전에 썩는 아줌마가 불쌍할 따름이에요. 불쌍해하는 건 내 자유잖아요. 우리 자유잖아요.

아저씨는 자고, 아줌마는 어린이집에 보낼 이불이랑 젖병을 챙겨요. 설거지를 하고, 식탁 위를 정리하고, 음식물 쓰레기를 따로 모아요.

이 집의 모든 건 아줌마가 가슴을 치며 우는 걸 봤어요.
이 집의 모든 건 아줌마가 자기 이름을 부르짖으며 우는 걸 봤어요.

아저씨, 내 이름 알아요?
난 아저씨 이름 몰라요.
아저씨, 우리 이름 알아요?
우린 아저씨 이름 몰라요.

뱀파이어

> 부모들은 자신이 얼마나 줄 수 있을지를 고민하는 반면
> 예술가들은 자신이 얼마나 얻을 수 있는지를 고민한다.*

오열하는 오른 가슴을 퍽퍽 내리치며
왼 가슴으로 너에게 젖을 물리는
달빛조차 없는 밤

너의 목덜미에
잔인하고 거룩한 송곳니를 내리꽂지

나는 뱀파이어야
네 피를 마시며
이 고통을 견뎌 낼 거야

나는 갈증으로 죽고
네 피로 되살아난다
너는 허기로 나를 먹고
나에게 네 피를 준다

우리는 죽고 죽음에서 일어나고 죽고 죽음에서 일어나
고를 반복하는

뱀파이어
우리는 삶에서 죽음으로 삶에서 죽음으로 건너뛰는
뱀파이어

서로를 더 깊이 맛볼수록 한 뼘 더 자유롭고 한 뼘 더 비참해진다

너를 죽이고 너를 살리며
너를 먹이고 너를 죽이며
나의 어머니와 나에게서 나와 내 딸에게로 전해지는
저주받은 영생

내 심장에 말뚝을 박아 줄래?
떠오르는 태양 앞에 나를 묶어 줄래?

하지만

혈관에 네가 가득해서
깊은 어둠 속에서도 나는 빛이 나지

모든 감각이 열리고
능력의 한계가 사라지지
그러니 죽을 수가 없지

안타깝게도
오욕되게도

불멸하지

---

* 낸시 휴스턴, 「소설과 배꼽」에서, 『분노와 애정』(시대의창, 2018), 292쪽.

태풍의 이름*

태풍을 삼킨다
기꺼운 마음으로

이 고약한 외로움을 잠재우려면 그 수밖에

태풍은 입자가 고르지 않은 가루약 같아서
혀와 목구멍 입천장에
달라붙어 절망의 맛을
발산한다

비바람이 지천에 불어 대는데
마실 물 한 잔
어디에도 보이지 않고

찬란했던 젊음과
아껴 둔 방황들이
불쏘시개로 던져진다

잘 살아 보자고 떠나온 고향에서는

조카와 동생이 스스로 생을 끝장냈다
멀어서, 또 지독해서
장례식에는 가지 못했다
자식도, 자식이 낳은 자식도
볼 수 없고,
만질 수 없고
이렇게 흔들리는 나라에
여기에 혼자—

팥가기, 밀자가

가슴에는 끊임없이 불길이 일고
언제쯤 퍼지는 걸까
평안은,
그녀는 두 손을 떨며
태풍을 삼킨다

녹아내리는 가슴을 부여잡고
차가운 다다미 바닥을 쓸어내리는 새벽

끝내 토해지는 태풍
쏟아지는
피
껍데기
미움
엄마…… 엄마아……
이제 세상에 없는 엄마를 부르며 엄마가 운다

태풍 많이 오는 나라에 엄마가 산다

* 태풍의 이름을 여자의 이름에서 따오던 시기가 있었다. 좀 더 빨리 온화해지라는 바람에서, 신경질적이고 예민한 마음을 잠재워 달라는 마음으로. 태풍의 이름마저 가혹하던 시절이었다. 이제 태풍은 여자의 이름이 아니지만, 엄마는 아직도 태풍과 함께 살고 있다. 2019년, 일본에는 태풍이 너무 많이 왔다. 엄마는 아직도 바다 건너 산다.

비 온다고 했다
— 신창리에서

예보에는 늦은 저녁부터 비
온다 했다

그러나 어슴푸레 내린 것은 저녁뿐

개와 함께 걷는 길에서
얼굴에 한 방울, 목덜미에 한 방울
비 맞은 것 같은데

하늘에는 구름이 없었다

주위를 둘러봤지만
나와 개의 곁에는
흔들리는 청보리,
어제 보았던 그 달

잠시 멈춰 서 있는데

얼굴에 물이 억수로 쏟아졌다

분명 하늘은 맑고
바람만이 찰랑이는데

건조한 기후 속

내 얼굴만이 익사할 지경이 되어

개를 잡은 줄을
구명줄처럼 끌었으나

개는 놀라 달아나 버리고

나는 질식하여 갔다

죽이고 싶다고
미워하고 있다고
원망하고 있다고
소리치고 싶어

이미 기도를 타고 들어찬 물이
폐 속 깊숙이 차 버린 물이

내 안에서 내린 비가
나만을 거두어 갔다

먼 바다 쪽으로
꼬리를 흔들며
개가 뛰어간다

실족
― 신창리에서

동백 대가리가 툭툭
떨어진다

착한 개가
그것을 물고 달려온다

어리석은 나는
그 광경이 무서워
바라볼 수 없다

손을 놓친 아이처럼

모든 바람을 향해
울부짖는다

경쾌하게 네 개의 발을 옮기는
천진함과 확신이

이렇게 두려운 것은

모든 길을 나 홀로 잃었기 때문

안부를 묻던 사람이 있었다

하나의 불로
곱은 어깨를 녹이던

고개를 들어도
여기는 온통
어둠

까만 밤 속에서
형형히 빛나는

개의 날숨

모자란 나의 두 발이
춥다

너무 차갑다

웰컴 투 비디오*

자식을 낳으면 죽여라　　　　자식은 낳으면 죽여라
자식을 낳으면 죽여라　　　　자식은 낳으면 죽여라
자식을 낳으면 죽여라　　　　자식은 낳으면 죽여라
자식을 낳으면　분노는 몸에 해로워요　낳으면 죽여라
자식을 낳으면　　자력구제 금지　　　낳으면 죽여라
자식을 낳으면　　무슨 소리야 또　　　낳으면 죽여라
자식을 낳으면　　늘 그렇게 말하더라　낳으면 죽여라
자식을 낳으면　　돈이면 다 되는 세상　낳으면 죽여라
자식을 낳으면　　열내면 뭐가 달라져　낳으면 죽여라
자식을 낳으면　　너희 모두 공범이다　낳으면 죽여라
자식을 낳으면　　나는 관심 없어　　　낳으면 죽여라
자식을 낳으면 맨날 그런 기사나 찾아보고 낳으면 죽여라
자식을 낳으면　　미국 송환을 거절한다　낳으면 죽여라
자식을 낳으면　아무도 지켜주지 않았어　낳으면 죽여라
자식을 낳으면 내장이 쏟아진 채로 죽어 간 낳으면 죽여라
자식을 낳으면　　아기들은 어디로 갔나　낳으면 죽여라
자식을 낳으면　　불편해요 그런 말은　　낳으면 죽여라
자식을 낳으면　　아름다운 것만 봐요　　낳으면 죽여라
자식을 낳으면　　출산 장려 정책　　　　낳으면 죽여라

자식을 낳으면 죽여라   자식은 낳으면 죽여라

자식을 낳으면 죽여라   자식은 낳으면 죽여라

자식을 낳으면 죽여라   자식은 낳으면 죽여라

* 세계 최대 아동 성 착취 동영상 공유 사이트. 2020년 코로나19가 코리아를 휩쓸고 K방역의 깃발이 드높게 펄럭일 때, '웰컴 투 비디오'의 운영자 손정우가 1년 6개월 형을 살고 풀려났다. 미국에서 손정우를 처벌하기 위해 송환을 요청했지만 코리아 재판부는 이를 거부했다.

웰컴 투 코리아*

아이는 매일 새로운 단어를 꼭꼭 씹어 먹는다
똥기저귀를 확인할 때면
소화되지 못한 단어들이
묻어 있는데 오늘은
법, 개소리, 무력감……
똥과 함께 변기에 버리고 물을 내렸다

아이의 오물거리는 입술을 보며

내장이 쏟아진 채로 숙어 간
아기들은 어디로 갔을까 생각한다

아이의 빛나는 어깨와 그 밑에서
팔랑팔랑 움직이는 뜨거운 두 손을 보며

어떤 죄도 짓지 않았으나
억겁의 지옥을 살았을 아기들을 생각한다

엄마, 이게 뭐야? 아, 그렇구나

호기심 가득한 아이의 눈빛과
그 빛을 받아 새롭게 태어나는
내 집의 모든 것들

아이의 주변은 모두 총천연색으로 변화하고
아름다움이 내 무릎을 꺾는다
그러나
눈물은 흐르지 못한다
그저 안와 속으로 빨려 들어간다
감히 떨어질 수가 없다

---

*세계 최대의 아동 성 착취 영상 공유 사이트의 운영자인 손정우는 아름다운 대한민국에서 오래오래 행복하게 살아갈 것이다. 웰컴 투 코리아. 돈과 범죄가 고름처럼 흘러내리는 나라.

지네

 고독하다 어두운 흙 속에서 주홍색 다리를 힘껏 움직여 가까스로 여기까지 왔다 당신에게는 기가 막힐 노릇이겠다 죽여도 죽여도 되살아나는 하나의 몸으로 여겨질 테니 그러나 나는, 우리는 여기서 태어나 여기서 죽을 수밖에 없는 그야말로 이곳에 깊은 내력을 지닌 하나의 군집이었을 뿐이다 당신이 해변에 알록달록한 무늬의 천을 깔고 앉아 시원한 음료를 마시며 발에 묻은 모래를 털어 낼 때 나 역시 매끄러운 몸뚱이를 움직여 끝없이 펼쳐진 잔디와 흙 사이를 기어 다녔다 억센 주둥이로 나보다 더 약한 것들을 씹어 삼키면서 그러나 나는 당신과 다르게 죽여야 내가 살 수 있을 때가 아니면 죽이지 않는다 당신은 살생이 곧 존재의 이유이므로 믿기 어려운 일이겠으나 그것이 이곳의 규칙이고 나는 탐욕을 모르는 채로 이 오랜 시간을 살아왔다 그렇다, 나는 당신의 인생에 균열을 일으키기 위해 살아 있는 것이 아니라 여기에서 눈을 떴기에 어쩔 수 없이 여기에서 살아 있는 것이다 나의 죽음이 당신에게는 평온을 가져다주는 일이겠지만 그래 봤자 나는 다시 나로 태어나고 이 땅의 나의 이력이 뿌리 뽑히는 일이 없으니 당신은 시시때때로 비명과 놀라움을 동반한 균열을 느낄 수밖에 없을

것이다 이것은 저주가 아니라 그냥 이야기 이력과 생에 대한 하나의 이야기

화상은 찰나에

육각형인가
십팔각형인가
그것도 아니면 그저
원?

기름이 튀어 화상을 입었다
작은 도형이 새겨진
손목에는 오랫동안
고통이 남았고

상온에 오래 보관된 과일처럼
벼랑 끝에 위태롭게 달려 있다
내가

제발 나가라, 나가

너의 온도가 내 살갖을 녹인다
뜨거운 네 혀

그릇을 자주 깨고
꽉 찬 자루가 내게서 매번 미끄러졌다

빗물이 담긴 어떤 자루
빗소리가 고인 널찍한 그릇

내 손에서 달아나, 멀리

파편이 손목으로 향했다
가장 가녀린 곳으로

멀리 창밖을 내다보는 자여

찢어진 차양 막처럼 펄럭이네

우리가 지켜 낼 수 있는 것은
무슨 무늬 같은
흉터뿐

살이 타는 냄새가 났다
아주 긴 찰나에

3부

우리의 손을
―상현에게

기르는 개가 당신과 나의 두 팔을 물어뜯고
떨어진 살점을 바라보고 있습니다

비린내를 맡는 계절입니다

당신은 개를 원망하지 않습니다
그저 부끄러울 뿐,

우리는 손을 포개었고

송신탑이 가뿐히 부러져 있는
폭풍 후

나는 바람을 낚았습니다

우의가 차가워서
자주 주저앉았습니다

이것이 형벌이라면

로맨틱하지 않습니까?
이곳이 지옥이라면

우리의 포개어진 손에
따끈한 무덤이
잉태되고 있습니다

아름다운 관을 낳을 겁니다

검은 바다를 항해하는
우리의 온 생을 관통할

팽이버섯 내린다

너의 어깨 근육이 한껏 수축되었다 이완되고
나의 발바닥과 뇌가 한순간 심지를 찾는다

나와 너의 간격으로 낙하하는 팽이버섯
단호하구나, 너는
팽개쳐진 버섯이 희미한 비명을 지르고

황급히 여기를 떠나는 당신
당신의 흔들리는 엉덩이
지상에서 지옥으로 왔다, 갔다

나의 낡은 어깨가 투둑투둑
눈 대신 운다

점점 더 벌어지는 당신과 당신
하늘에서 팽이버섯이 내린다
우리의 마른 땅으로

나 는 너 와 살 고 있 다 서 로 깊 이 상 처 주 며 지 금

이 시 작 되 는 순 간 더 이 상 우 리 는 우 리 가 아 니
고 과 거 의 우 리 가 아 직 모 르 는 우 리 를 보 며 활
짝 웃 는 다 손 을 흔 든 다 저 들 은 모 르 니 까 그 치 ?

   버섯은 포자로 번식하고
   나는 슬픔을 잉태한다

   떠나지 말고
   배를 좀 만져 봐
   그렇게 바라보지 마
   버섯이 내리는 날이잖아
   하얗게 내리는 건 모두 아름답다고

   검고 깊은 발자국을 남기며
   당신이 떠난다

   하여, 거대해진 슬픔으로
   배를 질질 끌며
   나도 떠난다

팽이버섯 잦아들고

거센 바람
그 자리를 서성이다
마저 떠난다

가정

내가 어떤 말을 해도 너는 끊임없이 춤을 추고

네 춤이 점점 뜨거워진다
사방으로 퍼지는 연기
매캐해 숨을 쉴 수가 없으니

여기는 춤을 끓이는 지옥
거대한 솥 안에는 나를 짓밟는
너의 스텝, 앤 스텝
그리고
썩어 문드러져 형태를 알아보기 어려운
가슴을 내리치는
내 손모가지들

우리는 왜 함께 이곳에 살까
우리는 왜 함께 죽어도 죽지 않을까

극악무도한 함께
자비가 없는 함께

천연덕스러운 용광로에서
나의 아이가 건져 올려지고
그로부터 1년
집이
가장 위험한 곳이 되었다

위험한 밥그릇 위험한 칫솔 위험한 쓰레기통 위험한 기저귀 위험한 바디로션 위험한 문고리 위험한 식탁 위험한 냉장고 위험한 수건 위험한 주걱 위험한 신발 위험한 함께 위험한 춤 위험한 가장 위험한 가사 가장 위험한

우리가 함께

끝내 기화되지 않고
지옥을 가득 채우는
지독한
춤

제왕절개
― 다하에게

생살을 찢고 나왔으니
나와 너
우리의 고향은 차가운 칼이다

이생이 끝난다 해도
흉터는
뜨거움을 간직하고 있다
내 몸에 새겨져
나와 너를 태우는

외로운 수술대 위에서
하나였던 인간이 둘이 되었고
다시 눈을 떴을 때

너는 형벌처럼 나타났다

떨림을 멈출 수 없었다

너를 살리는 것은 나의 벌

나를 살리는 것은 너의 죄

문득문득 열꽃으로 피었다 사라지는 너의 얼굴

천천히 움직이는 네 볼을 쓰다듬으며
가슴을 친다
다시는 둘이 되지 말자
세상에 그 누구도 내지 말자

누구도 가르쳐 주지 않았지만
허기 쪽으로
네 입술이 움직인다

울지 마, 울지 마

나의 과거를
너의 미래를
우리의 고향으로
돌려보내지 않기로

약속해

네 배를 토닥이며
나를 달래는 일

그것만이 이 차가운 칼끝에서
내가 할 수 있었던
처음이자 마지막
사랑

거대한 아기

갓 태어난 너는 나보다 더 많은 걸 알고 있어서

절망으로 흥건히 젖은 내 곁에

늘 조용히 미소 짓지

그 이하도, 이상도 하지 않는
따뜻한 나의 아기

오늘 겨울이 시작되면
내일은 여름이 움트겠지

외투 위에 외투를 덧입는 나를 바라보며

종말은 이미 우리 발밑에
이렇게 간단한 걸 모르냐는 듯

깊은 눈을 꿈뻑이는
외로운 나의 아기

내가 너를 낳았는지
네가 나를 낳았는지
기억나지 않는 날이 잦고
지금, 여기, 우리가
아직 살아 있다는 것
실감 나지 않는데

고결한 나의 아기는
남루한 내 가슴에 얼굴을 묻고
힘차게 젖을 빨며
기어이 나를 살린다

살아 있을 때는
살아 있는 것만으로
충분하다고

내가 먹는
나의 피야

나의 살아
우리는 이미 사무치게 살아 있다고……

자애로운 얼굴로 온 우주의 먼지를 들이마시는

가난한 내 두 팔에 안긴

거대하고

유일한

나의 아기

호명

기암절벽이 스러진 서쪽 해변에 섰다
이름 없는 너를 불렀다
오늘 여기 이렇게
세찬 바람인데
아직 이름 없는 너를
이토록 그리워해도 되는 걸까 내가

많은 아이들이 어둔 바다에서 영영 돌아오지 못하고
너를 부르지 않기로 했다
우리의 입술이 너무 작아서
바로 설 수 없어서

여기 우리 모두 별 사이를 떠돌다 가는 외톨이
너 나 우리 모두 혼자 뿌려지고 혼자 사라지는데

너는 내게 왔다 그럼에도 불구하고
너무도 크고 작게 슬프고 찬란하게

깊은 물속에서부터

나는 네게 이미 거짓말을 하고 있어
지키지도 못할 약속을 하고 있어

후회가 가슴을 베어 푸른 피가 흐른다
나는 쪼그리고 앉아 바닥에 흐른 푸른 포말을
처연히 닦으면서 너를 만날 순간을 기다리면서

내가 감히 너를 사랑하고 있어
내가 감히 너를 애달파하고 있어

용서하지 마
지금 여기 끝내 너를 불러
사랑을 흐르게 한
눈 먼 시간을

네가 고른 말

나의 개야
우리의 배꼽은 이어져 있지

너는 획이 없는 말을 하니까
그렇게 부드러운가
아무도 다치지 않는
따끈하고 촉촉한 말

너를 만지면 발밑에 찾아오는
깊고 따뜻한 물

온몸을 감싸는 침묵이라는 말
네 침묵 속을 헤엄치는 나
아, 진짜 자유로워
팔다리를 제멋대로 휘적이며
느껴지는 충만함
기쁨의 부력

자주 지치는

나는 늘 컹컹 짖고
너는 늘 괜찮아, 괜찮아 하고

네 주둥이에 늘어 가는 흰 털과
나의 새치가
예고된 공백 같아서
자꾸 슬퍼
너만 내게 모든 것을 주었는데

네 몸의 모든 굴곡을 내 손에 새기며 묻는다
단 하나의 단어만 말할 수 있다면
무엇으로 할래?

너는 분명한 미소로
나를 바라본다

평생 나를 무너트리게 될
너의 대답

우리는 아무 말도 나누지 않고
우리 사이에 모든 것을 흐르게 하지

너와 내가 아닌
우리가 우리를 우리라고* 부르던 순간부터

---

*추적단 불꽃이 펴낸 책 제목은 『우리가 우리를 우리라고 부를 때』(이봄, 2020)이다. '나'와 '당신' 사이에 시작되는 끈끈한 연대는 모든 것을 넘어서(그것이 설사 종(種)이라 할지라도) '우리'를 만드는 힘이 있다.

흰 개

누가 실수로
세상에 찍어 버린
하얗고 슬픈 점

에라, 나도 모르겠다
하고 무정하게
떠나 버린
하얗고 비참한 얼룩

태어난 지
두 달은 되었을까
이제 더 이상
팔랑팔랑 흔들리지 않는
개의 꼬리

나의 커다랗고 흰 개가
작고 하얀 개의 냄새를 맡는다

죽음으로 여기 있는 흰 개야

생명이 넘실대는 나의 흰 개야

축축한 너의 코가
차가운 너의 몸뚱이에
쿵쿵 닿았다 떨어질 때

절망과 사랑 속으로
온몸이 빠져 버린다
걷잡을 수 없이
풍—덩— 하고

내동댕이쳐진다

별일 아니라는 듯 슬며시 밀려왔다

한 줌 남은 영혼까지 쓸어 가 버리는

거대하고

흰

파도야

작고 흰 몸뚱이로
잠시 세상에 왔다 간
개

이 개 좀
데려가 주라

잔디 심기

척박한 땅입니다 돌만 있는 땅이었습니다 땅을 팠지만 흙이 나오지 않았습니다 살 수 있겠습니까 돌 틈으로 빈약한 뿌리, 내릴 수 있겠습니까

작두로 잘라 잔디를 삼등분 했습니다 정사각형이 몇 번이나 직사각형으로 변했습니다 그래 봤자 내가 네가 되었습니다 촘촘하게 엉킨 문장들은 풀릴 줄 몰랐습니다

고개를 들면 바다가 있었습니다 잔디를 심다 얼굴을 들면 저 멀리 보이던 해초가 바로 앞까지 떠밀려 와 있었습니다 풀은 아무것도 하지 않으면서 끈질기게 삶을 살아 냅니다 아무것도 하지 않음으로 끈적끈적하고 끈질긴 생을

지금껏 풀에 대해 생각해 본 적 없습니다 풀은 명사이면서 가장 역동적인 동사 그중 잔디는 기어 다니는 이름

오후 늦도록 일은 끝나지 않았습니다 돌가루가 입에서 서걱서걱 씹혔습니다 눈알로 콧구멍으로 파고들었습니다 손톱과 발톱에 윤곽선이 생겼습니다 얼굴과 몸의 주름이

분명해졌습니다 먼지를 뒤집어쓰니 내가 여기 있다는 것, 비로소 알게 되었습니다

오래 씻어도 몸 안의 돌가루는 사라지지 않았습니다 지금도 내 안에 있습니다 살아서 지켜보고 있습니다 뜨거운 피가 식는 것을 기쁨도 분노도 없이, 말없이 보고 있습니다

내가 심은 잔디는 바닷바람을 맞고 있습니다 그곳에서 아무것도 하지 않고 있습니다 죽어 가는 것처럼 살아 있습니다 살아 있는 것처럼 죽어 갑니다 말랐다 젖었다 말랐다 반복하며 조금씩 기어가며

범인의 노래

여기에 내가 있다
천적끼리의 교배를 통해 세상에 나온 자식이다

천적은 천적의 새끼를 물어 죽여야 하는데, 어미와 아비는 울음을 터뜨리는 나를 그저 바라보다 사라졌다 뜯어야 할지 핥아야 할지 알 수 없었으니

나는 죄를 짓지 않았다 애초에 저지를 생각이 없었다 그저 범인으로 지목되었을 뿐

매일 놀라운 속도로 단단하고 투명하게 죄목이 자라났다 그러나 나에게 날개는 없었다 등껍질 또한 없었다 단지 더러운 이름과 나약한 팔다리를 가진 인간이었다

도처에 나의 몽타주가 붙어 있었지만 그것들 중 어느 하나도 나를 닮지 않았다 포스터 속 그들은 모두 허기져 보이지 않았으니까 수배를 당하는 것은 배를 곯는 일인데

범인의 일생은 선택되었기 때문에 삶을 바꾸려 하면 할수록 아팠다 열이 오르고 며칠을 내려가지 않았다 포기하면

열이 내렸다 언제 그랬냐는 듯이

나는 당신과 당신 사이에 숨어 있었다 가끔은 당신의 주먹과 나의 광대뼈가 강렬하게 마주치기도 했다 기억나지 않는다고? 왕왕 있는 일이다 때린 사람이 맞은 사람을 잊는 것 당신이 손쉽게 영웅이 되는 일

바라건대, 당신이 당신과 당신, 당신과 당신들로 빽빽이 겹쳐진 곳 일대를 이 잡듯 뒤져 나를 찾아내기를 나를 발가벗긴 후 광장으로 데려가 옴짝달싹 할 수 없게 묶어 세우기를 그리하여 세상 모든 이가 나에게 돌을 던지기를 돌에 맞은 부위에 또다시 돌이 날아와 맞고, 그 부위에 또 다른 돌이 박혀 살이 찢어지고 피가 흐르기를, 그리고 그 부위에 또다시 돌을 맞아 푸르게 빛나는 뼈가 드러나기를 간절히 바란다

여기에 내가 있다고 그 누구의 동정도 필요하지 않은 내가 있다고 외치다 죽을 수 있도록 더 이상 외롭지 않도록

창가에 침대

매일 아침 눈을 뜰 때
내게 온 육체는 누구의 것인가

작은 개미들이 자꾸 침대로 쏟아졌다

그중 한 마리를 손가락으로 튕겼다

여기에서 저기로 날아갈 뿐

여전히 그는 내 침대에 있었다

하지만 개미에게는
일대 사건이었다
물리적 충돌과
공간 이동의 기억을 갖게 된
하나의
개미

비척비척 침대 아래로 사라지는 개미를 따라

그의 방으로 갔다

어둡고 따뜻한 방
단 둘이 남은

나를 타일러서 무엇을 할 셈이지?
생명이라면 몸서리쳐진다

스스로 생을 끝낸 사촌이 있다
그는 작년부터 여전히 스물아홉이고
나는 아무 죄책감 없이
개미를 튕기는
서른이 되었고
마흔이 되겠지

내 손을 잡으려는 개미와
만류하는 내가 있다

놔 줘, 불행이 옮을 거야

개미도 울 수 있을까?

그의 방이 무너진다

균열하는 소리 들린다
개미굴에서
아니 내 입속에서

누구의 손이냐
이것은
도대체
누구의 손가락이냐

틀린 그림 찾기

거울 앞에서 머리를 빗는다
맨발 옆으로 떨어지는
나를 죽인 사람,
내가 앞으로 죽일 사람

눈알 뒤에서 구린내가 나
눈을 비비고 비벼도
정체를 들키지 않는 치욕의 뿌리

두개골에서부터 시작된 지진

땅이 흔들리면 식탁으로 기어들어 가야지
땅이 찢어지면 넓은 공터로 가
얌전히 추락해야지

악을 쓰는 머리카락들
표독스러운 꼬리를 천천히 흔들며
나를 노려보면서
행복하지 말라고

안심하지 말라고

무너지고 남은 땅에 나는 겨우 앉아 있고

맨발과 너덜거리는 깃발을 가진

나는 이 세상 단 하나의 틀린 그림

# 4부

선량한 사람들이

선량한 사람들이 주인공인 이야기를 쓰려다

미친 사슴을 그렸다

사슴의 기괴함을 묘사하려다

슬픈 목소리를 얻었다

습작은 습작으로
손가락을 꺾고

눈이 선한 매 한 마리가 나의 들판 위를 날고 있었다

휘이— 휘이—

손 쓸 틈도 주지 않는
노래나 주술 따위의 것

목소리는 어디든 갈 수 있으니까

무엇이든 만들 수 있으니까

그러나
슬픈 목소리는
선량한 사람들을 구하지 못하고
습작은
강한 팔에 의해
찢기고 태워지고

지킬 수 있는 것이 없었다

하늘마저 좁다는 듯
한 마리의 매, 사라지고

울음소리만이

거친 들판에 남았다

들판이
흰 종이처럼

무참하게 남겨졌다

맥거핀

화요일에 태어난 자가
고요한 물가를 찾아들고

문이 잠기지 않는다

혓바닥이 촘촘히 마른다
나의 자식들이 예리해지고
나는 자꾸 청각을 잃어 가는 시대

발바닥이 뜨겁다

주방에서 느껴지는 인기척
누군가 물을 잠근다

어둠 속에서 눈을 더 크게 뜨고
귀를 기울인다
이명 때문에 죽게 될 거라고 생각하지 못하면서

1온스를 킬로그램으로 변환하면서

옆자리에 얌전히 누운
마른 회칼
조용히 내 손을 잡고

이 밤은 꽃과 죽음이라는 씨실과 날실로 뜨는 거대한 목도리

손과 발이 시려운 자들이
변명처럼 남아
영혼 없는 인사처럼 남아
발을 끌며 가고

예민한 자들은 이미
치솟는 온도를 눈치 채고
이생을 끝장낸다
다시는 이 집에
오지 않는다

어린것들의 감각

낡은 나무 창문에 덩쿨 잎이 부딪힌다
산발적으로

가까운 곳에서 큰 개가 짖고
어린것이 울고

더 어린것을 지키는 어린것

하지 마! 동생이 울잖아!

어린것이 아름다운 노래를 부르고
더 어린것이 작은 소리로 흐느낀다
미열과 함께

바람 속에
숨겨진 태풍을
느끼는 어린것들의 감각

가녀린 손으로

살랑살랑
무참히도 예리한 판단으로

기어코 길을 걷는 어린것, 어린것들

말 못하는 노인들이
개를 끌고
포구에 모인다

이어지는
필담

숨죽인 소리가 두려워
저들이 가져올
날카로운 이빨

어린것들이
단단한 곳에 뜨거운 물을 붓는다

더 단단한 곳으로
더 단단한 곳으로

유년
— 복다리에서

뜨겁게 달궈진 시골집 끝방에서
모로 누워 자는 척하며
방을 식힐 만큼의 눈물을 흘렸다
고모가 물었다
뭐가 힘들어?
부모가 헤어진 건 네 탓이 아니야 가난한 건 네 탓이 아니야 말해 봐, 말을 해야 알지
다문 입속에서
느린 혀가 앞니의 뒤편을 쓰다듬었다

너무 많이 보여
너무 많이 들려
나는 내가 되고 싶지 않은데
손톱 끝에서 발톱 끝까지 내가 되어 가
그럼에도 나는 죽고 싶지 않아서
그래서

까만 밤중
공포에 몸서리쳐 가며

오줌을 싸러 가고
물을 마시러 가고
나는 살아 있고

거대하고 붉은 두꺼비를 마주한 밤

그가 내뱉는 거품과 괴성
아, 나는 질질 울면서
두꺼비가 뛰어오르기 전에
내가 먼저 길을 지날 수 있기를
뒤로
뒤로
도움닫기를 위해
최대한 뒤로 멀리 갔다가
두꺼비 앞에서 있는 힘을 다해 뛰어오르며

기어이 내가 이렇게 살아 있다고

아침에 해가 뜨면

두꺼비가 남기고 간 점액을 몇 번이나 확인하면서
하나뿐인 길을 나섰다

이번에 가면 다신 안 와요 할머니
나는 살아 본 적도 없는 본적에 다신 안 와요 할아버지
살고 싶어요
살려고 그래요

날짜

동생의 방에는 손바닥만 한 달력이 있다

작은 사각형 네 개로
열두 달과 일곱 요일 삼백육십오 일을 표기하는

하나의 작은 사각형에 1, 2, 3, 4, 5, 0
또 다른 작은 사각형에 0, 1, 2, 6, 7, 8

누나는 가장 먼저 열두 달을 먹었다

다음으로는 일곱 요일을 먹었다

이윽고 날짜를 모두 입에 털어 넣었다

동생이 가슴을 뜯으며 울부짖었으나

이국의 냄새가 방에 가득했다

깊은 기시감

짐승에게 먹힌
짐승의 잔해

동생의 방에서 동생이 사라졌다
누나는 필사적으로 달력을 토하려 했으나

바닥에 떨어지는 촛농, 촛농, 촛농

탐욕스러운 위장 속에서
목 놓아 우는
날짜와
날짜들

다정한 사람이 되려고
— 나율에게

무심히 떠나가는 노을을 바라보며
우리는 다정해서 일찍 떠난 사람을 떠올렸다
정이 넘치면 버티기 힘든
여기,

내가 할 수 있는 일은 고작
불룩한 배를 하염없이 쓰다듬는 것

너는 부풀어 오른 내 배를 보며 나보다 더 수줍게 웃는 사람
내 아이의 이름을 함께 고민해 주는 사람

그래서 너는 늘 벼랑 끝에 앉아 있고,

다정하게 미소 짓던 네가
무심한 노을처럼
서쪽 바다로 사라질까 봐
매일의 해 질 녘, 나는 몹시 불안하였다

그해 여름 기록적인 더위 속에서
너는 병동으로 들어갔고
나는 아이를 낳았다

홀로 잠들지 못해 칭얼거리는 아이의 머리맡에서
나는 속삭인다

네 곁에 바짝 붙어 너의 머리칼을 쓰다듬고
네 볼에 입 맞추고 너의 작은 등허리를 보듬는 것
누군가에게 이토록 한없이 다정할 수 있다는
해방감
너를 사랑하는 것이
그것만이
나를 구원하고 있어

갈증은 나의 아이도, 너도 죽이지 못했다

너는 오늘 밤 기억나지 않는 꿈을 꿀 것이다
그 꿈에서 우리 모두는

태어나지 않았고
언제나 다정할 것이다
몹시 자유로울 것이다

아무도 죽지 않았다
우리는 살아남았다

민달팽이

우리는 속수무책

할 수 있는 일은
오가는 길마다 점액을 남기는 것

반짝이는, 처절한 생활의 흔적을 벽에 새기는 것

운 좋게 오늘까지 살아 있다면
기어코 숨을 내뱉었다면

희고 연약한 알을 낳고 죽는 것이 삶의 전부
가까스로 부화된 알의 생도 별다르지 않고

당신은 그런 나를 잘도 짓이길 거야, 그렇지?
변기에 던지고 물을 내리거나
어둠 속으로 패대기칠 거야

우리는 어째서
깃털 같은 햇빛에도 허덕이고

왜 당신은 우리를 혐오하지?

당신의 기척만으로도 공포에 떨고
겨우 당신의 손가락을 피해 더 깊은 나락으로 숨어들 때

우리를 발견하지 못한
단단한 등이
이곳에서 멀어져 갔다

이생의 어느 순간을 안도라 부를 수 있을까

어쩌면 삶은
너무 많이 들킨 건 아닐까?
우리처럼 무력한
그의 허약한 속살을

우리는 우리를 지킬 수 있는 껍질이 없어서

아주 조금씩 움직인다

아주 느리게 움직인다

지긋지긋한 일상을

당신의 벽에 묻히며

끈적끈적하게

낯선 물
—소호에게

자리끼를 훔쳐 마시고

갈색 점을 나눠 가졌지

우리가 나눈 것은 모두 비밀이야,

작은 스침에도 온 잠을 깨는 새벽
온 생을 새벽으로 보내는

얇은 어깨

너의 복도에 우리의 동생들이 나란히 누워 있고
나는 복도를 만들러 떠나네

주어를 나눈 것은 비밀이야,

예민한 아침과 거룩한 밤이
우리를 귀찮게 했으니까
떠도 감아도

쓸모없는
눈

눈만이

둥근 지붕이 달보다 가까운 곳에서
네가 나를 기다리고
네가 나를 지켜보았지

입술을 동그랗게 오므리고
매끄럽게 너와 나를 발음할 수 있을 때까지

우리가 가진 것은 모두 비밀이야

추격
―소호와

향기가 추락하고

불안이 공포의 물레를 돌려 불안을 빚는다
요추 깊은 곳으로 통증이 찾아오는
공방의 밤

나와 그녀가 두 손을 꼭 잡고 물레 위를 달린다

낚시 조끼를 입은 자가
우리 뒤를 쫓는다
공중으로 나부끼는
찢어진 깃발
성난 표어들

저 단어들은 왜 저토록 화가 났는가
나와 그녀는 단지
손을 맞잡은 것 뿐인데

딸을 지키려는 시도는 매번 실패하고

스피커는 도처에서 파열음을 낸다
높은 파열음
낮은 파열음
산산이 부서지는
소리

딸과
딸과
딸과
딸들과
딸들아

불안이 기괴하고 거대한 손으로
나와 그녀와 딸들을 덮친다
다시 만들면 되니까
주물러서
뭉쳐서
돌려서
빚으면 되니까

물레가 끊임없이 돈다

그녀와 나는 멈춘다

멀미가 난다
그녀는 눈을 질끈 감고

내가 돌아가는 물레의 중심에 한쪽 다리를 넣는다

딸의 입술, 하얗게 물들고

물레가 멈춘다

우리는
날아간다
비로소

검은 모래전

 떠내려온 하얀 나, 하얀 이름으로 채워져 바다를 따라 3천 킬로미터를, 3천 시간을 흘러온 하얀 나, 검은 모래 해변에 당도하여 목이 터져라 울어 버린 하얀 나, 너무 많은 하양, 빛을 안지 못하는 나, 튕겨 내는 하얀 나, 근육이 없는 하얀 나, 부서지는 하얀 나, 너무 많은 나, 너무 많은 나, 너무 많은 하양, 하얗고 무수한 나

 검정은 흐르고 있다 모든 빛을 껴안으며 검정은 움직이고 있다 모든 고통을 마시며 검정은 춤추고 있다 모든 거짓을 씹으며 검정은 꿈꾸고 있다 모든 시간을 연주하며 검정은 노래하고 있다 모든 배신을 보듬으며 검정은 그 자리에 검정으로 검정은 그 자리에 모든 검정으로 검정은 영원히 그 자리에서 모든 깃발 꽂는 자들을 용서하며

 검은 모래 위로 파도가
 하얀 내 위로 파도가
 전설 위로 파도가
 어제 태어난 분노 위로 파도가

검은 모래가 하얀 나를 부른다 아이야, 여기는 검은 땅이야, 깊은 사랑이야, 돌아오지 않는 마음이야 하얀 나는 답한다 아이야, 나는 더러운 마음이야 얕고 넓은 함정이야, 끝나지 않는 고통이야 검은 모래는 하얀 나를 안으며 속삭인다 아이야, 여기는 검은 꿈이야, 숨이야, 비야, 바람이야 하얀 나는 뿌리치며 소리친다 아이야, 여기는 슬픈 땅이야, 오만이야, 배척이야, 울부짖음이야 검은 모래는 평온한 얼굴로 하얀 나를 다시 껴안고, 작은 게들이 우리의 몸 위로 지나간다 아무 일도 없었다는 듯

너를 기다리며

여기서. 피를 흘리며. 상처는 어디에 있는 걸까. 네가 도착한다면 나는 한 시간 전부터 매끄럽고 부드러워질 거야. 왕자의 여우처럼. 사랑을 깨달으면 으레 고통이 수반되지. 너는 쫓기듯 오겠지. 허밍을 하며. 밑창이 터진 신발을 신고. 깨끗한 수건을 들고. 네가 온다면 나는 덥석 손을 잡을래. 즐기고 있었지. 기다림을. 그리고 헤아렸지. 별을 둘러싼 어둠. 어둠 속에서 끝내 붉고 푸르게 빛나는 빛을. 점점이 떨어진 별 사이를 손가락으로 쭉 이어 보았지. 어둠을 가르는 것은 여전히 이어져 있다는 믿음뿐. 태초부터 지금까지 끝나지 않는 선율이 머리 위로 내려앉았네. 빛에는 반드시 어둠이 묻어 있겠지만. 괜찮아. 네가 온다면. 네 옆에 너와 내 옆에 네가 손을 잡을 거고. 꽉 쥔 손에서 손으로 전해지는 냄새. 갓 지은 밥 냄새. 꼭꼭 씹어 밥을 삼키자. 몸이라는 우주에 새 기운이 뻗치게. 감각이 문을 열고. 이성이 그 뒤를 따라 들어올 테니까. 따뜻한 러그를 깔아 두자고. 햇볕에 잘 말린 것으로. 고생했어. 이리 와 앉아. 여기는 푹신해. 푹신한 건 다음을 준비하기에 좋은 느낌이잖아. 네가 앉을 자리를 톡 톡 톡. 두드리면서. 나는 네가 올 거라는 걸 알아. 어떤 이들은 네가 오지 않을 거라고. 절대 오지 못할 거라고. 저 기울어진 숲속에서 길을 잃었다고. 지워졌다고. 휘파람 불 힘도 없을 거라고. 나는 웃으며 고개를 저어. 배설 같은 말에는 기댈 자리가 없어. 거기에는 생명이 없어. 언제나. 가엾어라. 거대하고 웅장하게 도착해야 해. 거짓말쟁이들의 목을 베어 버리고. 착취하는 자들의 사지를 찢어 발기면서. 조금 피곤하겠구나. 숨을 몰아쉬는 네게 나는 따끈한 물을 한 잔 준비해 줘야지. 저 모퉁이에서 네 빛이 보인다. 네 향기가 풍긴다. 네 입자가 움직인다. 내 모든 감각이 너를 본다. 살아 있는 존재가 가질 수 있는 최고의 미음. 뱀과 왕자처럼.

왔어?

■ 작품 해설 ■

저주받은 여자들의 가계(家系)와 '우리'가 되는 기록

김보경(문학평론가)

비밀 없는 고백

"이건 우리만의 비밀이지?"라는 제목으로 "우리"만의 비밀스러운 세계로 초대하는 듯한 이 시집을 펼치면, 시인의 말에서 "다하야"라며 딸의 이름을 부르는 시인의 목소리를 듣게 된다.* 시인의 말을 비롯해 이번 시집은 전반적으로 자전적 성격이 두드러지는데, '다하에게'라는 부제가 붙은 시(「제왕절개-다하에게」), 「육아 일지」 연작 등 임신과 출산, 육아 경험이 반영된 여러 시에서 이를 확인할 수 있다.

* 시인의 아이의 이름이 '다하'라는 사실은 에세이 『오늘의 섬을 시작합니다』(민음사, 2021)에서 확인했음을 밝힌다.

시인의 자전적 경험을 가감 없이 드러내는 시적 전통은 시에서 고백시라고 불리는 장르를 형성하기도 했는데, 이 용어는 1950~1960년대 미국의 로버트 로웰이나 실비아 플라스 등과 같은 시인의 시적 경향을 가리키는 비평적 용어로 처음 사용되기 시작했다. 강지혜의 이번 시집도 마찬가지로 이러한 고백시의 특징을 공유하는데, 특히 여성으로서의 경험이나 가부장제와 불화하는 여성의 목소리가 두드러진다는 점에서 이번 시집은 여성주의적 고백시의 경향으로 분류할 수 있다.*

그런데 이 시집은 이러한 계보 위에 있으면서도, 고백적인 문체로 자신의 내밀한 경험을 토로하는 경향과는 다소 거리가 있어 보인다. 전반적으로 강지혜의 시에서 여성인 '나'의 목소리가 두드러지긴 하지만, 시의 의미가 전적으로 시인 혹은 (시인과 연속적인 작중 화자인) '나'의 목소리로 수렴되지 않도록 만드는 형식상의 고려가 돋보이는 시의 존재 때문이다. 이러한 시는 이번 시집을 읽는 길잡이의 역할

---

* M. L. 로젠탈이 로버트 로웰의 시에 드러난 시인의 수치스러운 경험이나 부모의 이야기를 두고 그의 시에 대해 '고백으로서의 시'라며 평한 이후 고백시라는 용어가 본격적으로 사용되었다.(M. L. Rosenthal, "Poetry as Confession," Nation, 19 Sept. 1959) '여성주의적 고백시'라는 명명은 김승희의 다음 글에서 따온 것이다.(「한국 현대 여성시의 고백시적 경향과 언술 특성-최승자, 박서원, 이연주를 중심으로」, 『여성문학연구』 18, (한국여성문학학회, 2007).) 이 글은 1970년대 후반에서 1980년대 한국의 여성 시인들의 고백시에서 억압된 여성의 목소리가 표출되며 여성주의적 성격이 나타나기 시작했다고 본다.

을 하기에 좋을 듯하다.

 시집에 실린 첫 시이기도 한 「꽃나무의 가게」를 읽어 본다. 이 시는 한 편의 짧은 범죄 스릴러물을 연상시킨다. "자정이 넘은 시각, 한 통의 전화"가 걸려 오고,(1연) 전화상으로 자신이 무언가를 치었다고, 살려 달라며 급박하게 전하는 목소리가 들린다.(2연) 시선의 초점은 이 "사건 현장"으로 옮겨 가는데, 이 현장에는 "아기를 안은 여자"가 있고,(3연) 다음 연에는 "당신을 한 짓을 봐. 똑똑히 봐 둬."라며 잠든 아이를 쓰다듬는 누군가의 목소리가 옮겨져 있다.(4연) 이 대사는 앞 연에 등장한 여자가 하는 말로 추정되지만, 여기서 "당신"이 누구인지, 앞서 전화를 건 인물과 같은 인물의 목소리인지 모호하게 처리되어 있다. 그리고 "남자가 눈을 뜬다."라는 구절로 시작하는 다음 연에 이르러 앞의 장면들이 이 남자의 "꿈"이 아니었을지 모른다고 암시되기도 한다. 그런데 바로 다음 이 남자가 "집 안 어디에도 아내가 없다. 아이도 없다."라고 생각하는 구절이 이어지며, 남자가 받았던 전화가 꿈속의 전화일 것이라는 가설도 곧이어 깨진다. 어쩌면 남자는 여전히 꿈을 꾸고 있는 것일 수도 있고, 만약 전화를 받은 사람이 남자라면 이 남자가 저지른 어떤 일 때문에 "당신이 한 짓을 봐."라는 말을 듣는 것일 수 있다. 남자의 혼란스러운 독백이 이어진 후 갑자기 남자에게 "어둠"이 "맹수처럼" 달려들며 장면이 전환된다.

 전환된 장면에서 다시 초점은 여자와 아이로 향한다. 이들이 구덩이를 파고 있는 장면 다음으로, 꽃잎이 흩날리는 벚나무 아래 "여자와 아이"가 "여자와 여자"가 되는 시간의 흐름을 타임랩스로 찍은 듯한 장면이 이어지고, 마지막 연에서는 "꽃나무를 닮"은 "여자가 된 아이의 얼굴"을 초점화하며 시가 마무리된다. 이 후반부에서 여자의 옆에서 나무와 꽃에 인사를 건네는 "작고 명랑한 아이"가 등장하고 이들 곁으로 "벚꽃잎"이 "수척하고 아름답게 낙하"하는 장면의 분위기는 언뜻 보면 "사건 현장"을 중심으로 장면이 연결된 전반부의 미스테리한 분위기와 확연히 달라진 것 같다. 그런데 후반부 장면이 여자가 구덩이를 파고 있는 장면으로 시작된다는 것을 떠올리며, 다음의 대목에 주의를 기울여 보자.

엄마, 이건 우리만의 비밀이지?
비밀 아니야. 어차피 누구도 안 믿을 거야. 아빠를 심어 벚나무를 살렸다는 말을 누가 믿어? 언제든 말하고 싶을 때, 말하고 싶은 사람에게 말해도 좋아.
　　　　　　　　　　　　　　　　—「꽃나무의 가계」에서

이 대목에서는 전반부와 다르게 여자와 아이가 무엇을 하는지 모호함 없이 명료하게 드러난다. 그것은 바로 "아빠를 심어 벚나무를 살렸다"는 것. 아마 전반부의 사고 상황과 남자에게 (죽음의 은유도 읽히는) 어둠이 엄습했던 장면을 염두에 둘 때, "아빠를 심어 벚나무를 살렸다는 말"은 말 그대로 남자의 아내와 아이가 죽은 남자를 땅에 묻고 그 위에 벚나무를 심은 상황을 가리킬 것이다.(이들이 남자를 죽인 것인지는 불분명하다.) 물론 이러한 정리로 전반부의 상황이 말끔하게 파악되는 것은 아니다. 사고를 낸 사람은 "아기를 안은 여자"인 것 같다가도, 끔찍한 현장의 책임은 "당신"을 향하기도 하고, 이 두 가능성 모두 그 사고 현장이 남자의 꿈속에서 일어난 일일지도 모른다는 점 때문에 기각되기 때문이다. 이 시에서는 이 모든 서사적 가능성이 모순적으로 공존하며, 전반부의 이러한 모호함은 곧 시가 품고 있는 "비밀"을 만든다. 엄마에게 "우리만의 비밀"이냐 묻는 아이의 대사로 인해 이 여자와 아이 사이에 비밀스러운 공모가 이루어졌을 것이라는 사실 정도만이 분명하게 읽힌다.

그런데 위 인용한 대목은 우리가 한 걸음 더 생각하도록 이끈다. "이건 우리만의 비밀"이 맞냐고 묻는 아이에게 여자는 "비밀"이 "아니"라고 말하기 때문이다. 어차피 "아빠를 심어 벚나무를 살렸다는 말"을 "누구도 안 믿을" 것이기에, 언제든 누구에게 말해도 좋다고 말이다. 앞서 여자와 아이의 비밀이 곧 이 시의 비밀이기도 하다는 점을 기억한다면, 이 대답은 이렇게도 들린다. 시가 숨기고 있는 것은 없다. 시인은 그저 말하고 싶은 것을 말할 뿐이니, 내밀한 "비밀"에 접근하려는 태도는 소용이 없다. 애초에 "이건 우리만의 비밀이지?"라는 문장은 독자에게 여자와 아이의 비밀스러운 세계를 엿보도록 허락하는 초대장 같았지만, 여자는 정작 "비밀 아니"라며 태연하게 대답하며 이 기대를 물리치는 것이다. 이처럼 이 시에 사실 '비밀'이 없다는 것, 이는 앞서 이 시집에서 고백적 자아의 내밀성이 크게 두드러지지 않는다는 점과도 무관하지 않다.

이러한 특징은 고백시를 비롯해 여성의 자전적 경험이 반영된 예술 작품이 해석되어 온 맥락을 염두에 두고 숙고할 필요가 있다. 여성의 개인적인 경험이 예술 작품에 반영될 때, 이는 그러한 경험을 직접적으로 토로하는 데 그친다는 이유로 예술성이 없다고 폄하되거나 보편적인 경험으로 읽히지 못했으며 더구나 작가의 사생활을 둘러싼 수다한 추문의 근거로 활용되기도 했다. 이러한 맥락을 고려한다면, 범죄를 연상시키는 은밀한 행동에 대해 "비밀"이 아니라고 말하는 구절은 여성의 고백시가 내밀한 무언가를 품고 있을 것이라 기대하게 되는 고정관념을 깨는 역할을 하는 것으로도 읽힌다. 그러니 시집이 건네는 초대장 같았던 "이건 우리만의 비밀이지?"라는 구절은 비밀스러운 세계로의 초대장이 아니라, 차라리 우리가 이 '여자'와 '아이'의 말을 듣고 이해할 수 있는지 시험하는 시험대가 된다. 이제 남자를 구덩이에 묻고 벚나무를 살리는 이 여자와 아이, 죽음충동과 살기, 죄의식과 증오가 서로 뒤얽힌 '꽃나무의 가계'를 따라가 볼 차례이다.

'우리'라는 환상을 가로지르는 여자들

먼저 강지혜의 시집에서 큰 비중을 차지하는, 남편이나 아이 등 가족 간의 관계를 다루는 시를 살핀다. 이때 이 가족들은 '너'나 '당신'으로 호명되며, '나'는 이 '너'라는 타자와의 관계 안에 놓인다. 구체적으로 부부 관계를 다룬 시에서 '나'와 '너'는 "완벽히 다른 물성"(「협주곡」)을 지녀 철저히 어긋나 있는 관계로 그려진다. 「부부」에서는 이러한 관계가 서로 등을 맞대고 종이접기를 하는 모습으로 이미지화된다. "연약"하고 "바스라지는" 종이는 이들의 마음 상태를 은유하는 물질에 해당하는데, 서로 함께 시간을 보낼수록 종이는 "엉망"이 되고 관계는 "실패"에 가까워진다. 이들 사이에 사랑이 없는 것은 아니지만 그 사랑은 "해충처럼" 잠깐 "비췄다 사라"질 뿐이며, 가끔 "찾아오는 가려움"이 있어서 "손 닿지 않는 곳"을 긁기 위해선 나의 등을 볼 수 있는 상대가 필요하다고 느끼지만 둘은 서로를 등진 상태에서 결코 벗어나지 못한다.("나와 너는 너와 나를 등지고") 「아내」에서 '나'와 '너'의 관계 역시 "하나밖에 남지 않은 뿔을 서로 차지하려 싸"우고 "물어뜯고 할퀴고 거대한 주먹을 날"리는 모습으로 그려지며, "네가 나를 기꺼이 너의 아내라고 부를 때, 내일과 고통이 팔짱을 끼고 주단 깔린 길을 걷는다 사뿐사뿐 사랑스럽게"와 같이 '나'가 '너'의 아내가 되는 일은 고통스러운 미래로 예감된다. 이 고통은 집 혹은 침대라는 하나의 공간에 서로 다른 두 존재가 함께 살아가야 한다는 조건 때문에 더욱 가혹해진다.("집에서는/ 삶도 떠날 수 없고/ 죽음도 숨을 수 없어서(……) 집이/ 너와 나를/ 지독하게/ 안고 있었다"(「신혼」) "마주 보고 누운 나와 당신 아래에/ 단 하나의 침대가/ 깊은 울음을 운다"(「한 침대」))

 이처럼 강지혜의 시에서 그려지는 부부 관계에서는 낭만적 사랑에 대한 환상이나 기대를 전혀 찾아볼 수 없고, '나'와 '너'가 하나의 '우리'가 되는 것은 거의 불가능해 보인다. 시 「무력한 철거」에서는 "너의 집"이기도 한 "투명하고 거대한 성"을 짓는 '너'와 매일 그 성을 부수는 '나'가 대비되어 그려진다. '너'가 짓는 성은 "완강히" 문을 "걸어 잠"그어 놓고 있어 '나'가 들어갈 수 없다. 강지혜의 시에서 '집'이 가족 간의 생활이 이루어지는 현실의 공간이면서 다지와 함께 자신의 존재 의미를 만들어 가는 장소라는 존재론적인 의미도 거느린다고 할 때, 집 짓기를 두고 '나'와 '너'가 끊임없이 갈등하는 장면은 두 개별적인 존재가 서로 결코 동화될 수 없다는 상태의 알레고리가 된다. 그리고 이 시에서는 "서로의 성을 못 견디게 미워하"는 '우리'를 "끈끈한 공범"이라 부르고 서로를 "끊임없이 그리워하는" 모습에서 서로 애증으로 얽힌 관계가 드러나기도 한다. 이러한 대목과 함께, 시는 언제 쓰냐는 '너'의 물음에 "누군가 미워지면 시를 써"라고 답했다가 '너'에 대한 미움과 그리움을 느끼고 "원인 모를 내 두통과/ 너의 환멸이/ 별자리처럼 이어져 있다"(「유성」)고 서술하는 데서도 증오와 환멸과 그리움이 지독하리만치 끈끈하게 얽힌 부부 관계의 양상이 포착된다.

강지혜의 시에서 나타나는 '우리'됨의 불가능성은 '우리'로 동화될 수 없는 '나'와 '너' 사이의 차이에 대한 인식과 여성인 '나'가 경험하는 현실에 대한 자각에서 비롯한다. 여기에는 이데올로기로서의 낭만적 사랑이 성차별적인 구조를 은폐하고 가부장제를 자연화하는 기능을 해 왔다는 인식이 바탕에 있다. 시 「아저씨, 나 아저씨 양말이에요」에서는 남편의 양말이라는 사물을 화자로 설정하여 아내의 노동이 노동으로 인정받지 못하고 무상으로 착취되는 현실을 우화적으로 그리는데("아줌마 요새 좀 불쌍했어요. 아기 돌보면서 매일 나를 빨고 말리고 개고. 또 빨고 말리고 개고. 그러다 누가 돈 준다고 하면 아기 재워 놓고 글도 쓰고. (……) 그런데 아줌마가 하는 일은 돈이 생기는 일이 아니니까"), 이 시를 비롯한 여러 시에서는 살림이나 돌봄 노동이 아내의 성역할로서 주어지며 여성에게 전가되는 현실이 반복해 드러난다. 강지혜의 시에서 여성들은 이러한 현실에 순응하지 못하며 '우리'라는 환상을 허물고 가로지른다.

'집 안의 천사'로 머무르기를 거부하는 이 여성들에게 글쓰기의 의미는 각별하다. 강지혜의 시에서 집 안의 여성은 살림이나 돌봄 노동에 홀로 매여 있으면서도 페미니즘 책을 읽거나 글을 쓰는 모습으로 나타나기도 한다.(「아저씨,

나 아저씨 양말이에요」, 「행주를 삶는다」 등) 이러한 글 읽기/쓰기의 장면은 글을 읽고 쓰는 작중 화자의 존재를 노출시킨다. 집 안에서 여성의 존재나 목소리가 사소해지거나 거의 보이지 않는 상황에서("너는 왜 나를 믿는 걸까/ 내가 보이긴 할까"(「행주를 삶는다」)), 이 글쓰기는 여성인 '나'를 드러내는 방법이자 환상에 동화되지 않고 자신의 고통과 욕망을 기록하는 수단이 된다. 여성이자 글을 쓰는 작가로서 자신의 위치를 드러내는 시도는 '육아 일지' 쓰기라는 형식을 통해 실험되기도 한다. '육아 일지'라는 부제가 붙은 시편에서 시인은 육아 일지의 형식을 차용해 모성에 대한 사회적 이미지를 거스르고 경험으로서의 모성을 쓴다.*

목구멍 깊은 곳에서 사랑이라는 이름의

장도(長刀)를 꺼낸다

칼은 당신과 나의

뿌리를 끊임없이 베고

너와 나 그리고 갓 태어난 또 다른 육체가

---

* 제도로서의 모성과 경험으로서의 모성의 구분은 에이드리언 리치의 용법을 빌린 것이다. 후자가 "여성의 재생산 능력과 아이들에 대한 잠재적 관계로서의 모성"이라면, 전자는 "그 잠재성 그리고 모든 여성을 남성의 통제 아래 확보하는 것"을 목표로 한다. (에이드리언 리치 저, 이주혜 역, 「여성으로 태어남에 대하여: 경험과 제도로서의 모성」(1979), 『우리 죽은 자들이 깨어날 때』(바다출판사, 2020), 129~130쪽.)

우리라는 어리석은 기대

(……)

우리라는 기대가 만든 괴물은

너무도 연약해

그처럼 처량한 것이 없었다

(……)

우리라는 허상이 켜켜이 바스라진다

─「육아일지-불타는 일가」에서

'우리'에 대한 일말의 믿음이 허상에 불과하다는 인식은 '아이'와의 관계를 다룬 시에서도 마찬가지로 드러난다. 위 시에서 사랑은 '너'와 '나'를 하나로 묶어 주기보다 오히려 서로의 차이를 확인하게 하고 '우리'라는 환상을 베어 내는 칼날에 비유된다. 칼의 비유는 「제왕절개-다하에게」에서 딸과 나의 "고향"을 가리킬 때도 나타난다. 제목에서 추정되듯 이때의 칼은 제왕절개를 할 때의 도구인 칼의 의미도 지니고 있는데, 「육아 일지-불타는 일가」와 함께 놓고 본다면 '우리'라는 동일성을 가르는 차이와 분열이라는 사태를 가리킨다는 점에서 같은 의미로 기능한다. 강지혜의 시에서 남편과 아내의 관계가 그러한 것처럼, 어머니와 딸의 관계에서도 둘 사이에는 건너갈 수 없는 심연이 존재한다. 또한 「육아 일지-불타는 일가」에서 화자에게 아이는 "우리라는 기대가 만든 괴물"로까지 일컬어진다. "불타는 일가"라는 부제에서처럼 강지혜의 시에서 부부와 아이로 이루어진 가족은 다소 극단적일 만큼 파괴적이고 절망적인 부정성에 머물러 있는 듯하다. 이들을 한 공간에 묶어 주는 집이라는 공간은 안락함을 제공해 주기는커녕 불타거나 폭발하는 이미지로 그려지며 파국적인 상태에 치닫는다.(「육아 일지-불타는 일가」, 「원근-육아 일지 3」) 이 육아 일지를 채우는 것은 따뜻하고 안온하기만 한 모성이 아니라 분열과 슬픔, 분노, 권태, 사랑을 오가는 모성이다.

이러한 지독한 부정성의 세계에서 '나'는 거울을 보며 "눈알 뒤에서 구린내가 나/ 눈을 비비고 비벼도/ 정체를 들키지 않는 치욕의 뿌리"를 느끼고 "나를 노려보면서/ 행복하지 말라고/ 안심하지 말라고" 말하며 강렬한 자기혐오와 수치심에 빠져 있다.(「틀린 그림 찾기」) 「틀린 그림 찾기」에서 '나'가 거울 속 자신을 보며 "나는 이 세상 단 하나의 틀린 그림"이라 인식한다면, 「창가의 침대」에서는 "매일 아침 눈을 뜰 때/ 내게 온 육체는 누구의 것인가"라며 자신의 "육체"에 대한 인식을 드러낸다. 이 시에서 살아 있는 자기 몸을 생경하게 느끼는 감각은 "작은 개미들이 자꾸 침대로 쏟아"지는 초현실적인 이미지와 호응한다. 화자가 개미를 손가락으로 튕겨내도 개미는 사라지지 않고 화자의 손을 잡으려 한다. 화자는 개미의 "생명"을 몸서리칠 만큼 거북하다고 느끼며, "불행"과 죽음충동에 깊이 빠져 있다. 나아가 「폭염」에서 폭염 속에서 해산할 곳을 찾는 임신한 개를 보며 태어날 생명보다는 죽음을 먼저 떠올리는 장면("그 작은 것들은 또 언제 어느 길에서 차갑게 죽어 갈까"), 아이를 재우고 난 후 "아이가 살아온/ 살아갈 수 없는 날/ 그 어디에도/ 오늘과 같은/ 절정은 없을" 것이며 "오늘 이후는 파국일 뿐"이라는 사실을 아이도 알 것이라고 독백하는 대목(「수면의식」)에서 이 죽음충동은 아이의 미래에도 투사된다.

> 생살을 찢고 나왔으니
> 나와 너
> 우리의 고향은 차가운 칼이다
> (……)
> 외로운 수술대 위에서
> 하나였던 인간이 둘이 되었고
> 다시 눈을 떴을 때
>
> 너는 형벌처럼 나타났다
> (……)
> 너를 살리는 것은 나의 벌
> 나를 살리는 것은 너의 죄
> (……)
> 다시는 둘이 되지 말자
> 세상에 그 누구도 내지 말자
>
> ―「제왕절개-다하에게」에서

여기에 내가 있다
천적끼리의 교배를 통해 세상에 나온 자식이다

천적은 천적의 새끼를 물어 죽여야 하는데, 어미와 아비는 울음을 터뜨리는 나를 그저 바라보다 사라졌다 뜯어야 할지 핥아야 할지 알 수 없었으니

나는 죄를 짓지 않았다 애초에 저지를 생각이 없었다
그저 범인으로 지목되었을 뿐

매일 놀라운 속도로 단단하고 투명하게 죄목이 자라났다 그러나 나에게 날개는 없었다 등껍질 또한 없었다 단지 더러운 이름과 나약한 팔다리를 가진 인간이었다
(……)
바라건대, 당신이 당신과 당신, 당신과 당신들로 빽빽이 겹쳐진 곳 일대를 이 잡듯 뒤져 나를 찾아내기를 나를 발가벗긴 후 광장으로 데려가 옴짝달싹할 수 없게 묶어 세우기를 그리하여 세상 모든 이가 나에게 돌을 던지기를 돌에 맞은 부위에 또다시 돌이 날아와 맞고, 그 부위에 또 다른 돌이 박혀 살이 찢어지고 피가 흐르기를, 그리고 그 부위에 또다시 돌을 맞아 푸르게 빛나는 뼈가 드러나기를 간절히 바란다

—「범인의 노래」에서

「제왕절개-다하에게」가 아이를 출산한 어머니의 입장에서 아이를 향해 쓰인 시라면, 「범인의 노래」는 "천적"과 같은 부모 사이에서 태어난 자식의 입장에서 쓰인 시다. 전자에서 아이를 출산한 것을 "형벌"로 느끼는 것과 후자에서 아이가 "범인"으로 지목되는 것은 유사하게 읽힌다. 후자에서 자신이 "죄를 짓지 않았"지만 "범인"이 되어 자신에게 내려진 벌을 받겠다는 피학적인 태도를 보이는 화자는 이 시 하나만 두고 볼 때는 박해받는 순교자의 형상으로까지도 읽히지만, 전자의 시와 함께 읽을 때 이 죄의식의 근저에는 어머니로부터 물려받은 죄의식이 자리하고 있음을 알 수 있다. "너를 죽이고 너를 살리며/ 너를 먹이고 너를 죽이며/ 나의 어머니와 나에게서 나와 내 딸에게로 전해지는/ 저주받은 영생"(「뱀파이어」)의 구절에서처럼 모녀 관계가 "저주받은 영생"이라 표현되는 것에서도 모녀간의 깊은 감정적 연루 상태가 드러난다. 어머니에게서 딸로 저주받은 역사가 이어진다는 이러한 인식의 비팅 위에서 화자는 "육아"를 "사랑의 시작이며 저주의 처음"(「육아 일지-소금밭」)이라 단언하기도 한다.

 이처럼 강지혜의 시에서 "자식"이 화자로 등장하는 시에서 드러나는 죄의식과 피학적인 태도는 앞서 살핀 여성 화자들의 감정이 투사되고 있는 것처럼 보인다. 에이드리언 리치는 가부장제 사회에서 어머니가 느끼는 죄책감과 자기혐오가 얼마나 딸들에게 투사되기 쉬우며 파괴적인 관계로 이어질 수 있는지 설명한 바 있다.* 이는 성차별적인 현실이 모녀간의 '우리'로서의 결속을 얼마나 어렵게 만드는지 생각해 보도록 만든다. 이러한 감정을 단순히 개인의 병리적인 감정이 아니라 사회적인 감정으로 보는 것은 중요할 것이다. 여성의 깊은 자기혐오와 수치는 여성 자신도 여성을 멸시하는 사회적 시선과 구조에서 쉽게 벗어날 수 없음을 방증한다. 그러니 "어떤 죄도 짓지 않았으나" "억겁의 지옥"으로 아이들을 내모는 폭력이 버젓이 자행되는 현실에서 아름답고 선량한 말들은 기만적이라 느껴지고(「웰컴 투 코리아」, 「웰컴 투 비디오」**), 시인은 "선량한 사람들이 주인공인 이야기를 쓰려다/ 미친 사슴을 그"리고야 만다.(「선량한 사람들이」) 폭력으로 점철된 세계에서 여자들은 아이들에게 물려줄 것이 죄와 두려움뿐이라고 느낀다. 그렇지

---

* 위의 글, 204쪽.

** 이 두 시에는 세계 최대의 아동 성 착취 영상 공유 사이트를 운영한 손정우의 재판 과정이 인용되어 있다. 두 시는 "아름다움"이나 "아름다운 것"과 아동에 대한 끔찍한 범죄를 대비시키며, 아름다움에 대한 욕망이 이러한 범죄가 자행되는 세계의 실상을 가리는 가림막으로 작용할 수 있음을 보여 준다. 특히 「웰컴 투 비디오」는 그러한 가림막을 찢고 "자식을 낳으면 죽여라"라고 말하는 목소리를 효과적으로 드러내는 충격 효과를 노린다. 나는 손정우가 어떻게 경미한 형을 살고 풀려났는지, 애초에 어떤 경제적·정치적 시스템이 아동 성 착취물 공유를 포함한 디지털 성범죄를 양산했는지에 대한 시인의 분노에 나는 깊이 공감한다. 한편 이 시는 피해자가 실재하는 범죄에 있어서 피해자의 고통을 작품으로 재현할 때, 더 숙고할 지점은 없는지에 대한 질문을 남기기도 한다.

만 정말 그것뿐일까.

개와 나, 그리고 우리

　이 시집에는 가족 관계를 다룬 시나 주변 인물을 향해 쓰인 시 외에도 여러 동물이 등장한다. 이 동물들은 '나'의 시선에 포착되거나 말 걸기의 대상으로 등장하기도 하며(「폭염」, 「여섯 번째 새끼」, 「네가 고른 말」, 「흰 개」, 「어린것들의 감각」 등), 화자로 등장하는 경우도 있다.(「지네」, 「민달팽이」) 먼저 후자의 경우 「민달팽이」의 화자는 점액으로 "처절한 생활의 흔적을 벽에 새기"며 살아가는데, 무엇보다 "혐오"의 대상이 되거나 사람들에 의해 짓이겨지기 쉬운 연약한 존재로 그려진다. 「지네」의 화자도 민달팽이의 생활력처럼 "깊은 내력"을 지닌 존재이자 "살생이 곧 존재의 이유인" "당신과 다르게 죽여야 내가 살 수 있을 때가 아니면 죽이지 않는" 원칙으로 살아간다. 여기서 '당신'은 물론 사람을 가리킨다. 양말이 화자로 등장하는 시 「아저씨, 나 아저씨 양말이에요」가 여성이 살림 노동을 전담하는 현실을 낯설게 환기한다면, 이 두 시는 이와 유사한 우화적 기법을 차용하며 동물들을 손쉽게 파괴하는 인간의 폭력성을 환기한다. 또한 이 동물들은 끈끈한 점액질의 혐오스러우며 추방되어야 할 것으로서의 비체적 속성을 지닌 것으로 그려진다는 점에서 이 동물 화자의 목소리는 여성의 목소리와 겹치기도 한다.

「폭염」이나 「여섯 번째 새끼」에서는 여성과 (비인간) 동물 사이의 유사성에 대한 인식이 "어미 개"를 통해 더욱 직접적으로 드러난다. 「폭염」에서는 "어미 개"에 대한 화자의 동일시가 "개처럼 엎드려" 딸을 등에 업고 흔드는 화자의 이미지로 형상화되고, 이는 "등에 달린 아이의 이름을/ 나지막이 부를 때" "어미 개"의 이름을 부르는 대목에서처럼 딸과 개의 동일시로 확장된다. 반대로 「여섯 번째 새끼」에서는 이 관계가 뒤바뀌어 화자가 "어미 개"의 여섯 번째 새끼가 된다. 어미 개는 지쳐 있지만, 똑바로 눈을 뜨고 화자에게 "이리 온, 나의 여섯 번째 새끼야/ 이리 와서 다섯 형제와 함께 젖을 빨거라 네가 할 일은 먹는 것 그리고 싸는 것 그리고 꿈꾸는 것/ 그리고 다시 용기를 잉태하는 것"이라 말을 건다. 강지혜의 시집에서 '가족'의 경계는 인간에 국한되어 있지 않고 종의 경계를 넘는다. 화자는 "있는 힘을 다해 어미 개의 젖꼭지를" 빨며 어미 개의 여섯 번째 아이가 되는데, 이 동물-되기로 인해 화자는 "죄책감과 용기를 잉태"할 수 있게 된다. 이 시집에서 이 '용기'의 존재는 찾아보기 어려운 만큼 더 빛난다.

나의 개야
우리의 배꼽은 이어져 있지

(……)

온몸을 감싸는 침묵이라는 말

네 침묵 속을 헤엄치는 나

아, 진짜 자유로워

팔다리를 제멋대로 휘적이며

느껴지는 충만함

기쁨의 무력

(……)

우리는 아무 말도 나누지 않고

우리 사이에 모든 것을 흐르게 하지

너와 내가 아닌

우리가 우리를 우리라고 부르던 순간부터

　　　　　　　　　　　　　—「네가 고른 말」에서

　위 시에서도 개와의 관계가 "배꼽"으로 이어진 가족 관계로 그려지며, 종간 경계를 넘어선 강한 유대와 교감을 보여 준다. "나의 개야"라고 시작하는 구절이나 "네 주둥이에 늘어가는 흰 털과/ 나의 새치"를 비교하는 대목에서 이 시의 화자는 인간으로 생각되지만, "나는 늘 컹컹 짖고/ 너는 늘 괜찮아, 괜찮아 하고"라는 구절에서 화자는 개가 되고 개는 인간이 되며 서로의 언어를 맞바꾸어 소통하는 모습이 그려지기도 한다. 그렇지만 시인은 개와의 동일시가 손

쉽게 이루어지지 않는다는 것을 안다. 화자는 개와 자신의 서로 닮은 모습("흰 털"과 "새치")에서도 서로의 시차를 "예고된 공백"으로 느끼며 금세 슬픔에 빠진다. 화자는 개가 인간의 말을 할 수 있다면 어떤 말을 하게 될지 궁금해하지만("단 하나의 단어만 말할 수 있다면/ 무엇으로 할래?"), 서로의 교감이 진정으로 이루어지는 것은 말을 통해서가 아니라 "아무 말도 나누지 않는" "침묵"의 순간인 듯하다. 말을 하지 않아도 서로의 몸을 맞대고 함께 한다는 그 사실로부터 충만함과 기쁨을 느낄 수 있다는 것을 알기 때문이다.

그리고 위 시의 마지막 행에 해당하는 부분("우리가 우리를 우리라고")에 시인은 다음과 같은 각주를 달아 놓았다. 이 구절은 N번방 사건으로 알려진 디지털 성범죄를 취재했던 추적단 불꽃이 펴낸 책 제목에서 빌려온 것이며, "'나'와 '당신' 사이에 시작되는 끈끈한 연대는 모든 것을 넘어서(그것이 설사 종(種)이라고 할지라도) '우리'를 만드는 힘이 있다."고 말이다. 개에 관한 시에서 여성들 간의 연대의 가능성에 대한 신뢰를 표현하는 이 각주는 다소 느닷없이 제시된다. 강지혜의 시가 계속해서 '우리'가 정말 가능한 것인지 의심하며 일체라는 환상을 거부했던 것을 고려하면 이 각주는 더욱 도드라져 보인다. 그런데 이 시에서 '나'와 "개" 사이에서 '우리'의 가능성을 찾고 이를 여성들 간의 연대를 표현하는 표어로 연결하는 시도는, 인간을 우선으로 놓고 동물로 연대의 범위를 확장해 나가는 인간 중심적인 사고방식을 거스르는 효과가 있다. 나아가 이는 '우리'를 만드는 힘은 혈연관계와 같이 유사성이나 동질성에 기반하는 것이 아니라 "우리가 우리를 우리라고 부르"는 결단과 수행이 이루어지는 그 순간에 만들어질 수 있다는 것을 강조하는 것으로 읽힐 수 있다. 여기서 '우리'는 종의 경계를 따지지 않는다.

여기서. 피를 흘리며. 상처는 어디에 있는 걸까. 네가 도착한다면 나는 한 시간 전부터 매끄럽고 부드러워질 거야. 왕자의 여우처럼. (……) 나는 네가 올 거라는 걸 알아. 어떤 이들은 네가 오지 않을 거라고. 절대 오지 못할 거라고. 저 기울어진 숲속에서 길을 잃었다고. 지워졌다고. 휘파람 불 힘도 없을 거라고. 나는 웃으며 고개를 저어. 배설 같은 말에는 기댈 자리가 없어. 거기에는 생명이 없어. (……) 저 모퉁이에서 네 빛이 보인다. 네 향기가 풍긴다. 네 입자가 움직인다. 내 모든 감각이 너를 본다. 살아 있는 존재가 가질 수 있는 최고의 마음. 뱀과 왕자처럼.

왔어?

—「너를 기다리며」에서

'나'와 '너'는 쉽게 '우리'가 되지 않는다. 이 시의 첫 연은 행 구분 없이 문장들이 길게 이어지는 형식을 통해 "너"를 기다리는 간절하고 절박한 마음을 효과적으로 표현한다. 이 시에서만큼은 예외적으로 '너'가 누구인지 특정되지 않지만, '너'와 '나'가 생택쥐베리의 소설 속에 나온 어린 왕자와 그를 기다리는 여우 혹은 뱀과의 관계에 빗대지듯 '너'는 인간으로 특정되지 않는다. "네가 온다면" '너'는 내 옆에서 손을 잡고, 꽉 쥔 손 사이로 밥 냄새가 전해지고, "감각이 문을 열고. 이성이 그 뒤를 따라 들어"올 것이라는 구절에서처럼 '너'는 구체적인 몸을 가진 존재로 생생한 감각으로 느껴진다. 그런데 '우리'가 되기 위해서는 '너'가 필요하지만, "거짓말쟁이들"과 "착취하는 자들"이 내뱉는 "배설 같은 말"은 '너'가 "기울어진 숲속"에서 길을 잃고 오지 못할 것이라는 내용을 전한다. 그럼에도 이 시는 '나'와 '너'가 '우리'가 되지 못하게 하는 힘에 저항하며 '우리'에 대한 희망을 놓지 않는 용기를 보여 준다. 그렇게 온몸의 감각을 활용해 "너"의 "빛"과 "향기"와 "입자"를 느낀다. 시인은 '우리'가 될 수 있다는 이 믿음은 "살아 있는 존재가 가질 수 있는 최고의 마음"에 다름 아니라고 쓴다. '나'와 '너'는 쉽게 '우리'가 될 수 없지만, 기어코 '우리'는 온다고.

다시 "이건 우리만의 비밀이지?"라는 물음으로 돌아와 본다. 앞서 살폈듯 이 질문을 듣고 한 여성의 내밀한 이야기 같은 것을 기대한다면 그러한 의미의 비밀은 없다. 그런데 만약 이 시집에 어떤 '비밀'이라는 것이 있다면, 그것은

"주어를 나눈 것"("주어를 나눈 것은 비밀이야"(「낯선 물-소호에게」))이라고 시인은 말한다. 이 시집은 '나'가 아니라 '우리'라는 주어를 나누어 쓰는 기록이라고 말이다. 그렇게 확장된 '우리'의 가계는 죄책감과 두려움과 혐오가 자기 자신마저 집어삼키는 세상에서 서로를 건져 내는 용기가 된다.

지은이	강지혜

1987년 서울에서 태어나 제주에서 살고 있다.
시집으로 『내가 훔친 기적』이, 산문집으로 『오늘의 섬을 시작합니다』
『우리는 서로에게 아름답고 잔인하지』(공저)가 있다.

이건 우리만의 비밀이지?

1판 1쇄 펴냄 2022년 4월 29일
1판 2쇄 펴냄 2025년 5월 30일

지은이 강지혜
발행인 박근섭, 박상준
펴낸곳 (주)민음사

출판등록 1966. 5. 19. (제16-490호)
서울특별시 강남구 도산대로1길 62(신사동)
강남출판문화센터 5층 (06027)
대표전화 02-515-2000 / 팩시밀리 02-515-2007
www.minumsa.com

ⓒ 강지혜, 2022. Printed in Seoul, Korea

ISBN 978-89-374-0917-2 04810
978-89-374-0802-1 (세트)

• 잘못 만들어진 책은 구입처에서 교환해 드립니다.

민음의 시
목록

001 **전원시편** 고은
002 **멀리 뛰기** 신진
003 **춤꾼 이야기** 이윤택
004 **토마토 씨앗을 심은 후부터** 백미혜
005 **징조** 안수환
006 **반성** 김영승
007 **햄버거에 대한 명상** 장정일
008 **진흙소를 타고** 최승호
009 **보이지 않는 것의 그림자** 박이문
010 **강** 구광본
011 **아내의 잠** 박경석
012 **새벽편지** 정호승
013 **매장시편** 임동확
014 **새를 기다리며** 김수복
015 **내 젖은 구두 벗어 해에게 보여줄 때** 이문재
016 **길안에서의 택시잡기** 장정일
017 **우수의 이불을 덮고** 이기철
018 **느리고 무겁게 그리고 우울하게** 김영태
019 **아침책상** 최동호
020 **안개와 불** 하재봉
021 **누가 두꺼비집을 내려놨나** 장경린
022 **흙은 사각형의 기억을 갖고 있다** 송찬호
023 **물 위를 걷는 자, 물 밑을 걷는 자** 주창윤
024 **땅의 뿌리 그 깊은 속** 배진성
025 **잘 가라 내 청춘** 이상희
026 **장마는 아이들을 눈뜨게 하고** 정화진
027 **불란서 영화처럼** 전연옥
028 **얼굴 없는 사람과의 약속** 정한용
029 **깊은 곳에 그물을** 남진우
030 **지금 남은 자들의 골짜기엔** 고진하
031 **살아 있는 날들의 비망록** 임동확
032 **검은 소에 관한 기억** 채성병
033 **산정묘지** 조정권
034 **신은 망했다** 이갑수
035 **꽃은 푸른 빛을 피하고** 박재삼
036 **침엽수림에서** 엄원태
037 **숨은 사내** 박기영
038 **땅꾼 주검을 호락호락 받아 주지 않는다** 조은
039 **낯선 길에 묻다** 성석제
040 **404호** 김혜수
041 **이 강산 녹음 방초** 박종해
042 **뿔** 문인수
043 **두 힘이 숲을 설레게 한다** 손진은
044 **황금 연못** 장옥관
045 **밤에 용서라는 말을 들었다** 이진명
046 **홀로 등불을 상처 위에 켜다** 윤후명
047 **고래는 명상가** 김영태
048 **당나귀의 꿈** 권대웅
049 **까마귀** 김재석
050 **늙은 퇴폐** 이승욱
051 **색동 단풍숲을 노래하라** 김영무
052 **산책시편** 이문재
053 **입국** 사이토우 마리코
054 **저녁의 첼로** 최계선
055 **6은 나무 7은 돌고래** 박상순
056 **세상의 모든 저녁** 유하
057 **산화가** 노혜봉
058 **여우를 살리기 위해** 이학성
059 **현대적** 이갑수
060 **황천반점** 윤제림
061 **몸나무의 추억** 박진형
062 **푸른 비상구** 이희중
063 **님시편** 하종오
064 **비밀을 사랑한 이유** 정은숙
065 **고요한 독백을 품은 바다가 있다** 정화진
066 **내 귓속의 장대나무 숲** 최정례
067 **바퀴소리를 듣는다** 장옥관
068 **참 이상한 상형문자** 이승욱
069 **열하를 향하여** 이기철
070 **발전소** 하재봉
071 **화염길** 박찬
072 **딱따구리는 어디에 숨어 있는가** 최동호
073 **서랍 속의 여자** 박지영
074 **가끔 중세를 꿈꾼다** 전대호
075 **로큰롤 해븐** 김태형
076 **에로스의 반지** 백미혜
077 **남자를 위하여** 문정희
078 **그가 내 얼굴을 만지네** 송재학
079 **검은 암소의 천국** 성석제
080 **그곳이 멀지 않다** 나희덕
081 **고요한 입술** 송종규
082 **오래 비어 있는 길** 전동균

083	미리 이별을 노래하다 차창룡	125	뜻밖의 대답 김언희
084	불안하다, 서 있는 것들 박용재	126	삼천갑자 복사빛 정끝별
085	성찰 전대호	127	나는 정말 아주 다르다 이만식
086	삼류 극장에서의 한때 배용제	128	시간의 쪽배 오세영
087	정동진역 김영남	129	간결한 배치 신해욱
088	벼락무늬 이상희	130	수탉 고진하
089	오전 10시에 배달되는 햇살 원희석	131	빛들의 피곤이 밤을 끌어당긴다 김소연
090	나만의 것 정은숙	132	칸트의 동물원 이근화
091	그로테스크 최승호	133	아침 산책 박이문
092	나나 이야기 정한용	134	인디오 여인 곽효환
093	지금 어디에 계십니까 백주은	135	모자나무 박찬일
094	지도에 없는 섬 하나를 안다 임영조	136	녹슨 방 송종규
095	말라죽은 앵두나무 아래 잠자는 저 여자 김언희	137	바다로 가득 찬 책 강기원
		138	아버지의 도장 김재혁
096	흰 책 정끝별	139	4월아, 미안하다 심언주
097	늦게 온 소포 고두현	140	공중 묘지 성윤석
098	내가 만난 사람은 모두 아름다웠다 이기철	141	그 얼굴에 입술을 대다 권혁웅
099	빗자루를 타고 달리는 웃음 김승희	142	열애 신달자
100	얼음수도원 고진하	143	길에서 만난 나무늘보 김민
101	그날 말이 돌아오지 않는다 김경후	144	검은 표범 여인 문혜진
102	오라, 거짓 사랑아 문정희	145	여왕코끼리의 힘 조명
103	붉은 담장의 커브 이수명	146	광대 소녀의 거꾸로 도는 지구 정재학
104	내 청춘의 격렬비열도엔 아직도 음악 같은 눈이 내리지 박정대	147	슬픈 갈릴레이의 마을 정채원
		148	습관성 겨울 장승리
105	제비꽃 여인숙 이정록	149	나쁜 소년이 서 있다 허연
106	아담, 다른 얼굴 조원규	150	앨리스네 집 황성희
107	노을의 집 배문성	151	스윙 여태천
108	공놀이하는 달마 최동호	152	호텔 타셀의 돼지들 오은
109	인생 이승훈	153	아주 붉은 현기증 천수호
110	내 졸음에도 사랑은 떠도느냐 정철훈	154	침대를 타고 달렸어 신현림
111	내 잠 속의 모래산 이장욱	155	소설을 쓰자 김언
112	별의 집 백미혜	156	달의 아가미 김두안
113	나는 푸른 트럭을 탔다 박찬일	157	우주전쟁 중에 첫사랑 서동욱
114	사람은 사랑한 만큼 산다 박용재	158	시소의 감정 김지녀
115	사랑은 야채 같은 것 성미정	159	오페라 미용실 윤석정
116	어머니가 촛불로 밥을 지으신다 정재학	160	시차의 눈을 달랜다 김경주
117	나는 걷는다 물먹은 대지 위를 원재길	161	몽해항로 장석주
118	질 나쁜 연애 문혜진	162	은하가 은하를 관통하는 밤 강기원
119	양귀비꽃 머리에 꽂고 문정희	163	마계 윤의섭
120	해질녘에 아픈 사람 신현림	164	벼랑 위의 사랑 차창룡
121	Love Adagio 박상순	165	언니에게 이영주
122	오래 말하는 사이 신달자	166	소년 파르티잔 행동 지침 서효인
123	하늘이 담긴 손 김영래	167	조용한 회화 가족 No. 1 조민
124	가장 따뜻한 책 이기철	168	다산의 처녀 문정희

169	타인의 의미 김행숙	212	결코 안녕인 세계 주영중
170	귀 없는 토끼에 관한 소수 의견 김성대	213	공중을 들어 올리는 하나의 방식 송종규
171	고요로의 초대 조정권	214	희지의 세계 황인찬
172	애초의 당신 김요일	215	달의 뒷면을 보다 고두현
173	가벼운 마음의 소유자들 유형진	216	온갖 것들의 낮 유계영
174	종이 신달자	217	지중해의 피 강기원
175	명왕성 되다 이재훈	218	일요일과 나쁜 날씨 장석주
176	유령들 정한용	219	세상의 모든 최대화 황유원
177	파묻힌 얼굴 오정국	220	몇 명의 내가 있는 액자 하나 여정
178	키키 김산	221	어느 누구의 모든 동생 서윤후
179	백 년 동안의 세계대전 서효인	222	백치의 산수 강정
180	나무, 나의 모국어 이기철	223	곡면의 힘 서동욱
181	밤의 분명한 사실들 진수미	224	나의 다른 이름들 조용미
182	사과 사이사이 새 최문자	225	벌레 신화 이재훈
183	애인 이응준	226	빛이 아닌 결론을 찢는 안미린
184	애들아, 모든 이름을 사랑해 김경인	227	북촌 신달자
185	마른하늘에서 치는 박수 소리 오세영	228	감은 눈이 내 얼굴을 안태운
186	ㄹ 성기완	229	눈먼 자의 동쪽 오정국
187	모조 숲 이민하	230	혜성의 냄새 문혜진
188	침묵의 푸른 이랑 이태수	231	파도의 새로운 양상 김미령
189	구관조 씻기기 황인찬	232	흰 글씨로 쓰는 것 김준현
190	구두코 조혜은	233	내가 훔친 기적 강지혜
191	저렇게 오렌지는 익어 가고 여태천	234	흰 꽃 만지는 시간 이기철
192	이 집에서 슬픔은 안 된다 김상혁	235	북양항로 오세영
193	입술의 문자 한세정	236	구멍만 남은 도넛 조민
194	박카스 만세 박강	237	반지하 앨리스 신현림
195	나는 나와 어울리지 않는다 박판식	238	나는 벽에 붙어 잤다 최지인
196	딴생각 김재혁	239	표류하는 흑발 김이듬
197	4를 지키려는 노력 황성희	240	탐험과 소년과 계절의 서 안웅선
198	.zip 송기영	241	소리 책력冊曆 김정환
199	절반의 침묵 박은율	242	책기둥 문보영
200	양파 공동체 손미	243	황홀 허형만
201	온몸으로 밀고 나가는 것이다 서동욱·김행숙 엮음	244	조이와의 키스 배수연
		245	작가의 사랑 문정희
202	암흑향暗黑鄕 조연호	246	정원사를 바로 아세요 정지우
203	살 흐르다 신달자	247	사람은 모두 울고 난 얼굴 이상협
204	6 성동혁	248	내가 사랑하는 나의 새 인간 김복희
205	응 문정희	249	로라와 로라 심지아
206	모스크바예술극장의 기립 박수 기혁	250	타이피스트 김이강
207	기차는 꽃그늘에 주저앉아 김명인	251	목화, 어두운 마음의 깊이 이응준
208	백 리를 기다리는 말 박해람	252	백야의 소문으로 영원히 양안다
209	묵시록 윤의섭	253	캣콜링 이소호
210	비는 염소를 몰고 올 수 있을까 심언주	254	60조각의 비가 이선영
211	힐베르트 고양이 제로 함기석	255	우리가 훔친 것들이 만발한다 최문자

256	**사람을 사랑해도 될까** 손미	298	**몸과 마음을 산뜻하게** 정재율
257	**사과 얼마예요** 조정인	299	**오늘은 좀 추운 사랑도 좋아** 문정희
258	**눈 속의 구조대** 장정일	300	**눈 내리는 체육관** 조혜은
259	**아무는 밤** 김안	301	**가벼운 선물** 조해주
260	**사랑과 교육** 송승언	302	**자막과 입을 맞추는 영혼** 김준현
261	**밤이 계속될 거야** 신동옥	303	**당신은 오늘도 커다랗게 입을 찢으며 웃고 있습니 신성희**
262	**간절함** 신달자		
263	**양방향** 김유림	304	**소공포** 배시은
264	**어디서부터 오는 비인가요** 윤의섭	305	**월드** 김종연
265	**나를 참으면 다만 내가 되는 걸까** 김성대	306	**돌을 쥐려는 사람에게** 김석영
266	**이해할 차례이다** 권박	307	**빛의 체인** 전수오
267	**7초간의 포옹** 신현림	308	**당신의 세계는 아직도 바다와 빗소리와 작약을 취급하는지** 김경미
268	**밤과 꿈의 뉘앙스** 박은정		
269	**디자인하우스 센텐스** 함기석	309	**검은 머리 짐승 사전** 신이인
270	**진짜 같은 마음** 이서하	310	**세컨드핸드** 조용우
271	**숲의 소실점을 향해** 양안다	311	**전쟁과 평화가 있는 내 부엌** 신달자
272	**아가씨와 빵** 심민아	312	**조금 전의 심장** 홍일표
273	**한 사람의 불확실** 오은경	313	**여름 가고 여름** 채인숙
274	**우리의 초능력은 우는 일이 전부라고 생각해** 윤종욱	314	**다들 모였다고 하지만 내가 없잖아** 허주영
		315	**조금 진전 있음** 이서하
275	**작가의 탄생** 유진목	316	**장송행진곡** 김현
276	**방금 기이한 새소리를 들었다** 김지녀	317	**얼룩말 상자** 배진우
277	**감히 슬프지 않을 수 있겠습니까?** 여태천	318	**아기 늑대와 걸어가기** 이지아
278	**내 몸을 입으시겠어요?** 조명	319	**정신머리** 박참새
279	**그 웃음을 나도 좋아해** 이기리	320	**개구리극장** 마윤지
280	**중세를 적다** 홍일표	321	**펜 소스** 임정민
281	**우리가 동시에 여기 있다는 소문** 김미령	322	**이 시는 누워 있고 일어날 생각을 안 한다** 임지은
282	**써칭 포 캔디맨** 송기영	323	**미래슈퍼 옆 환상가게** 강은교
283	**재와 사랑의 미래** 김연덕	324	**개와 늑대와 도플갱어 숲** 임원묵
284	**완벽한 개업 축하 시** 강보원	325	**백합의 지옥** 최재원
285	**백지에게** 김언	326	**물보라** 박지일
286	**재의 얼굴로 지나가다** 오정국	327	**기대 없는 토요일** 윤지양
287	**커다란 하양으로** 강정	328	**종종** 임경섭
288	**여름 상설 공연** 박은지	329	**검은 양 세기** 김종연
289	**좋아하는 것들을 죽여 가면서** 임정민	330	**유물론** 서동욱
290	**줄무늬 비닐 커튼** 채호기	331	**나의 인터넷 친구** 여한솔
291	**영원 아래서 잠시** 이기철	332	**집 없는 집** 여태천
292	**다만 보라를 듣다** 강기원		
293	**라흐 뒤 프루콩 드 네주 말하자면 눈송이의 예술** 박정대		
294	**나랑 하고 시픈게 뭐에여?** 최재원		
295	**해바라기밭의 리토르넬로** 최문자		
296	**꿈을 꾸지 않기로 했고 그렇게 되었다** 권민경		
297	**이건 우리만의 비밀이지?** 강지혜		